KB165859

역동적 자유

민주주의 헌법의 해석 방법

역동적 자유

민주주의 헌법의 해석 방법

스티븐 브라이어 지음

이국운·장철준 옮김

사회평론

역동적 자유

민주주의 헌법의 해석 방법

2016년 2월 24일 초판 1쇄 인쇄
2016년 3월 2일 초판 1쇄 발행

지은이 스티븐 브라이어
옮긴이 이국운·장철준
펴낸이 윤철호·김천희
펴낸곳 (주)사회평론아카데미

편집 김지산·고하영
디자인 김진운
본문 조판 디자인 시
마케팅 박소영

등록번호 2013-000247(2013년 8월 23일)
전화 02-2191-1133
팩스 02-326-1626
주소 03978 서울특별시 마포구 월드컵북로12길 17(1층)

ISBN 979-11-85617-65-7 93360

이 저서는 2015년 대한민국 교육부와 한국연구재단의 지원을 받아 수행된 연구임.
(NRF-2015S1A3A2046920)

내 형제이며 동료 판사인 척(Chuck)에게

감사의 말

이 책은 본래 2004년 하버드 대학에서 있었던 '인류 보편가치에 관한 태너 강연(The Tanner Lectures on Human Values)'의 내용을 바탕으로 만들어졌다. 고든 우드(Gordon Wood)와 로버트 조지(Robert George)는 강연에 귀중한 논평을 해 주었다. 유타대학교 출판부에서 강연 및 논평의 기록본을 출간해 줄 것이다. 태너 강연 초본은 2001년 뉴욕대학교 로스쿨의 제임스 매디슨 강연(James Madison Lecture)에도 제공한 적이 있으며, 그 내용은 '우리의 민주주의 헌법(Our Democratic Constitution)'이라는 제목으로 『NYU 로리뷰』(*New York University Law Review* 77권, 2002년)에 수록되었다.

폴 그워츠(Paul Gewirtz)와 로버트 헨리(Robert Henry)

가 쏟아준 시간과 노력, 그리고 조언에 대하여 진심으로 감사의 마음을 전한다. 또한 아킬 아마르(Akhil Amar), 마이클 부댕(Michael Boudin), 어윈 체머린스키(Erwin Chemerinsky), 노먼 도슨(Norman Dorson), 로널드 드워킨(Ronald Dworkin), 윌리암 에스크리지(William Eskridge), 오웬 피스(Owen Fiss), 찰스 프리드(Charles Fried), 엘리자베스 개럿(Elizabeth Garrett), 리차드 필데스(Richard Pildes), 리차드 포스너(Richard Posner), 로버트 포스트(Robert Post), 로렌스 트라이브(Laurence Tribe)를 포함하여 이 책의 초고를 읽고 건설적인 조언을 해 준 모든 사람들에게 깊이 감사한다. 또한 엠마 로스차일드(Emma Rothschild)에게는 특별한 고마움을 표하고 싶다. 이들의 비판과 아이디어, 그리고 제안으로부터 나는 헤아릴 수 없을 만큼 큰 도움을 얻었으며, 이를 통해 책을 더욱 충실하게 만들 수 있었다. 위에 언급한 모든 사람들과 함께 또 다른 사람들의 공헌에도 감사한다. 오랜 시간 힘들게 일하면서도 이 책을 훌륭하게 출판할 수 있게 해 준 편집자 패트리샤 하스(Patricia Hass) 및 노프(Knopf) 출판사의 여러 직원들에게도 감사를 표한다.

옮긴이 서문

이 책은 스티븐 브라이어의 저작 *Active Liberty: Interpreting Our Democratic Constitution*(Knopf, 2005)을 우리말로 옮긴 것이다.

저자인 스티븐 브라이어는 1994년에 미국 연방대법원 대법관으로 임명된 이래, 미국 헌법학계 및 사회 전반에 막강한 영향력을 행사하고 있는 법률가이자 법학자이다. 1938년 샌프란시스코의 유대인 가정에서 태어난 그는 스탠포드대학교와 옥스퍼드대학교, 그리고 하버드로스쿨을 졸업한 뒤, 아서 골드버그 연방대법관의 로클럭을 거쳐 일찍부터 미국 헌법정치의 안팎에서 다양한 직무를 수행했다. 존 F. 케네디 대통령의 암살 사건을 수사한 워렌위원회를 비롯하여, 연방반독점위원회, 워터게이트 사건 특별검사부를 거쳤고, 연방 상원의 법제사법위원회와 연방 항공위원회 등에서 전문위원이나 특별자문역으로 활동했으며, 하버드로스쿨 및 케네디스쿨의 법학 교수로서 특히 행정법 분야에서 촉망받는 인물이었다.

그러던 중 1980년에 브라이어는 지미 카터 대통령의 지명을 받아 워싱턴 D.C.를 관할하는 연방항소법원의 판사로 임명되었고, 1990년부터 1994년까지 동 법원의 수석 판사직을 맡았다. 1993년에 클린턴 정부가 출범한 뒤에 바이런 화이트 연방대법관의 후임자로 널리 거명되었으나 대통령의 지명을 받지 못했으며, 얼마 후 해리 블랙먼 연방대법관의 후임으로 지명을 받아 연방 상원의 인준을 거쳐 연방대법관이 되었다.

이 책은 브라이어가 미국 연방대법관으로 부임한 지 10년 후인 2004년에 '인류 보편가치에 관한 태너 강연'에 연사로 초대되어 하버드대학교에서 강연한 내용을 그 이듬해에 책으로 출판한 것이다. 저자가 감사의 말에서 언급하고 있듯이 이 책에 피력된 브라이어 대법관의 사법철학은 그 이전에도 여러 곳에서 발표되었으며, 이 책이 출간된 이후에도 여러 가지 방식으로 되풀이되거나 발전되어 왔다. 본 역서는 같은 이름으로 출간된 영문 원저들 가운데 가장 널리 읽히고 있는 것으로 보이는 2005년 판본을 우리말로 옮긴 것이다.

이 책은 현직 연방대법원 대법관이 재임 중에 미국 연방

헌법의 해석에 관하여 자신이 취해 온 접근 방식을 헌법이론의 차원에까지 발전시켜 논증하고 있다는 점에서 대단히 흥미로운 저작이다. "판사는 오로지 판결로만 말한다"는 명제가 불문율처럼 돼 있는 법률가 사회의 생래적인 보수성을 감안할 때, 연방대법원 대법관이 시민들 앞에서 자신의 헌법이론을 천명하고, 또 여러 논쟁적인 사건들에서 자신이 취한 입장에 대하여 정당화를 시도하는 것은 대단히 이례적이고 파격적이다. 이 때문에 이 책은 출간 이후 지금까지 미국의 법률가 사회에서 상당한 논란을 빚고 있으며, 아마 이 책을 저술하는 시점에 저자 자신도 그러한 논란을 충분히 예상했을 것이다.

이러한 사정을 고려할 때, 이 책을 올바로 독해하기 위해서는 먼저 저자가 딛고 있는 독특한 논쟁적 콘텍스트를 살펴야 한다. 특히 1980년대 이후 미국 연방대법원 또는 미국의 법률가 사회가 처해 온 특수한 논쟁적 콘텍스트를 반드시 이해해야 한다. 무엇보다 저자가 이 책을 저술한 목적 자체가 그러한 헌법이론적·사법철학적 논쟁을 미국 시민들 앞에 전면적으로 드러내기 위한 것이라고도 볼 수 있기 때문이다.

잘 알려져 있듯이, 20세기 후반 미국 연방대법원의 역사는 진보적 사법적극주의가 대세를 이루었던 워렌 법원(1953~1969년)과 이에 대한 보수파의 대응이 시작되었던 버거 법원(1969~1986년), 그리고 보수파의 거센 반격이 체계적으로 이루어졌던 렌퀴스트 법원(1986~2005년)으로 구분된다. 제프리 투빈이 『더 나인: 미국을 움직이는 아홉 법신(法神)의 이야기』에서 밝힌 바에 따르면, 렌퀴스트 법원의 정치적 판도는 1960년대 이래의 진보적 사법적극주의를 고수하려는 윌리엄 브레넌 연방대법관 등에 대해 윌리엄 렌퀴스트, 안토닌 스칼리아, 클래런스 토머스 등의 보수파가 지속적으로 도전하는 형국이었다. 그 사이에서 첫 번째 여성 연방대법관인 샌드라 데이 오코너를 비롯하여 데이비드 수터, 앤터니 케네디 등 일단의 스윙 보우터(swing voter)들이 실질적인 결정권을 쥐고 있었다.

문제는 사건별, 쟁점별로 이합집산을 거듭할 수밖에 없는 이 스윙 보우터들이 헌법이론적 차원에서 뚜렷한 일관성을 견지하기가 어려웠다는 점이다. 바로 이 지점을 파고들면서 1986년 연방대법관에 취임한 이후 줄기차게 원전주의(originalism) 또는 문언주의(textualism)를 주창해 온 안토닌 스칼리아의 보수적 헌법이론이 점점 영향력을 확대했다. 사실 원전주의 또는 문언주의의 대두는 그럴 만한 근거를 여럿 가지고 있다. 휴고 블랙이나 펠릭스 프랭크퍼터 연방대법관들의 예에서 보듯, 미국 연방대법원의 역사에서 그와 같은 접근방식은 뚜렷한 전통을 가지고 있을 뿐만 아니라, 판사의 해석재량을 문언의 범위에 한정하고 그 바깥을 민주정치의 고유한 영역으로 존중한다는 점에서 사법적 자제와 민주적 정당성을 안정감 있게 조화시키는 논리로 부각되었기 때문이다. 이에 관한 스칼리아 대법관의 사법철학은 그의 저작 *A Matter of Interpretation: Federal Courts and the Law*(Princeton University Press, 1997)에 쓴 도론(導論) "Common-Law Courts in a Civil-Law System: The Role of United States Federal Courts in Interpreting the Constitution and Laws"에 잘 드러나 있다.

이와 같은 독특한 논쟁적 콘텍스트를 짚어 보면, 미국의 법률가 사회에서 스티븐 브라이어의 이 책이 가지는 지식정치학적 위치가 분명하게 드러난다. 브라이어는 연방대법관으로 취임한 뒤 헌법이론적 차원에서 스칼리아 대법관의 원전주의 또는 문언주의에 정면으로 대치되는 특유의 사법철학을 전개해 왔다. 그런데 스칼리아의 원전주의 또는 문언주의가 진보적 사법적극주의에 가하는 비판은 상당히 치명적이다. 그것은 민주적 정당성이 취약한 판사가 자신의 정치이념을 실현하기 위하여 민주적 정치과정을 통해 마련된 헌법의 문언적 한계를 뛰어넘는다면, 곧바로 판사의 자의적 지배, 즉 사법 독재가 시작될 수밖에 없다는 비판을 함축하고 있기 때문이다. 그렇다면 브라이어는 과연 어떤 논리로 이처럼 치명적인 비판을 극복하고 진보적 사법적극주의를 재구성해 내는가? 이 점이 바로 이 책에서 가장 흥미로운 논쟁이 벌어지는 전선이다.

물론, 이 책의 말미에서 브라이어가 치밀하게 논증하고 있듯이, 스칼리아의 원전주의 또는 문언주의가 헌법의 해석 과정에서 판사의 재량을 효과적으로 제한할 수 있는지는 매우 불확실하다. 주관적 헌법해석의 위험은 원전주의 또는 문언주의를 통해서도 언제든지 그리고 얼마든지 현실화할 수 있기 때문이다. 더욱이 미국의 연방헌법처럼 문언 자체가 매우 오래된 것일 경우에는 오로지 기득권층만이 그것을 해석할 수 있는 지적 자원을 독점하게 된다는 점도 부인하기 어렵다. 달리 말해, 국민 다수의 정치적 의사를 민주적인 절차를 통해 헌법 개정으로 계속 담아내지 않는다면, 원전주의 또는 문언주의는 시간이 갈수록 기득권층의 역사주의로 전락하여 점점 보수화하는 것이 당연하다.

그러나 문제는, 원전주의 또는 문언주의의 이와 같은 한계를 인정하더라도 판사는 여전히 헌법의 문언 안에 있어야 하며, 문언 그 자체를 바꾸는 것은 오로지 민주적 정치과정을 통해야만 한다고 주장하면서 진보적 사법적극주의를 비판하는 것이 여전히 설득력을 가진다는 점이다. 그러면 이와 같은 더욱 근본적인 비판에 대해서 진보적 사법적극주의자들은 어떻게 대응할 수 있겠는가?

이 책에서 브라이어가 암암리에 조언하고 있는 것은 바

로 그때 조금 더 깊이 사태를 들여다보라는 것이다. 사태를 면밀하게 관찰하면, 언뜻 보아 민주적 정치과정에 무한한 신뢰를 부여하는 것처럼 보이는 그러한 주장이 의외로 커다란 맹점을 가지고 있음을 알 수 있기 때문이다.

만약 민주적 정치과정만으로 자신들의 목적을 이룰 수 있다면, 과연 이 시민들이 최고법원이자 최종심인 연방대법원에까지 정의를 실현해 달라고 호소할 이유가 있겠는가? 지금 이 시민들이 연방대법원의 문을 두드리고 있다는 사실은 그 자체만으로도 이미 그들이 민주적 정치과정에서 뜻을 이루기 어려운 구조적 소수파라는 사실을 보여 주고 있는 것이 아닌가? 만약 그렇다면, 이들에게 최고법원의 판사가 자신은 일개 판사일 뿐이며, 따라서 헌법의 문언적 한계를 도저히 넘어설 수 없으니, 미안하지만 다시 민주적 정치과정으로 돌아가서 스스로 문제를 해결하라고 말하는 것은 과연 정당한 태도일까? 그것은 판사이기 이전에 동료 시민으로서 너무 매몰찬 태도가 아닐까?

이 책의 원제목인 'Active Liberty'는 이와 같은 난문(難問)들과 함께 그에 대한 브라이어 대법관의 답변을 고스란히 담고 있다. 그가 말하려는 것은 바로 그러한 난문들 앞에서, 최고법원의 판사는 헌법의 문언적 한계에 매몰될 것이 아니라, 오히려 헌법이 가지고 있는 고유의 목적에 해석적 초점을 맞추어 그 너머로 나아갈 수 있어야 한다는 것이다.

그에 따르면 미국의 연방헌법은 '역동적 자유(active liberty)'라는 뚜렷한 목적을 가지고 있다. '역동적 자유'는 모든 시민들에게, 그리고 더 나아가서는 모든 사람들에게, 더 많은 민주주의를 선사하는 것을 목적으로 삼는 독특한 형식의 자유로서, 이는 연방헌법 제정과정은 물론 미합중국의 헌정사 전체를 일관하여 뚜렷하게 관철되고 있는, 'We the People'의 고유한 정치적 정체성이다. 따라서 브라이어에 따르면 헌법의 문언 속에서 해석을 통한 문제해결이 불가능할 때, 최고법원의 판사가 '역동적 자유'의 실현을 위하여 최선의 해결책을 고안하여 제시하는 것은 불가피하면서도 자연스러운 일이다. 만약 헌법의 이름으로 최종적인 해결책을 제시해야 할 때, 그 목적을 위하여 종신재직권을 비롯해 신분의 독립을 보장받은 최고법원의 판사가 그 작업을 외면한다면, 도대체 어떤 시민이 헌법의 목적인 '역동적 자유'의 실현을 추구할 수 있단 말인가?

앞서 말했듯이, 브라이어 대법관이 그동안 많은 논쟁적인 사건들에서 자신이 취한 입장을 이 책을 통해 이론적으로 정당화하는 것은 이례적이고 파격적인 시도이다. 하지만 여기서 주목할 것은, 각 사건들에서 그가 취한 구체적인 입장들과 별개로, 이와 같은 시도 그 자체가 '역동적 자유'를 헌법의 목적이자 헌법해석의 초점으로 내세우는 브라이어 판사 자신의 입장에서 뚜렷한 일관성을 가지고 있다는 점이다.

문언주의자들이 제기하는 사법 독재의 비판을 감수한 채, 성큼 '역동적 자유'의 실현에 나선 연방대법관은 이제 '역동적 자유'의 관점에서 동료 시민들의 평가에 완전히 노출될 수밖에 없다. 만약 그가 '역동적 자유'의 실현에 성공하여 시민들을 설득할 수 있다면 계속 시민들의 지지를 받을 수 있겠지만, 만약 그렇게 하지 못한다면 곧바로 '역동적 자유'를 추구하는 시민들에 의하여 비판을 받고 나아가 그들로부터 버림받게 될 것이다. 이는 민주적 정당성이 상대적으로 취약한 연방대법관이 사법과정을 통해 '역동적 자유'의 실현에 나서게 될 때, 당연히 감수해야 하는 헌법정치적 부담이다. 연방대법관이 그와 같은 헌법정치적 부담을 회피하려 한다면, 사법은 결코 '역동적 자유'의 실현과정이 될 수 없다. 거꾸로 말한다면, 연방대법관은 그러한 헌법정치적 부담을 감수할 것을 전제로 자신의 직무를 수행해야 한다는 것이다.

이 책에서 브라이어 대법관이 주장하는 헌법이론은 이 분야에 조예가 있는 독자들에게도 사법과정과 민주정치의 경계선을 줄타기하는 것과 같은 아슬아슬한 느낌을 갖게 할 것이다. 비유적으로 말한다면, 스칼리아 대법관이 문언의 한계를 이유로 들어 헌법문서의 뒤로 몸을 숨긴 바로 그 지점에서 브라이어는 '역동적 자유'를 주장하며 헌법문서의 앞으로 몸을 드러낸다. 그리고 이를 통하여 브라이어는 '역동적 자유'라는 헌법의 목적을 실현함에 있어서 사법과정도 결코 예외가 될 수 없으며, 그 과정에서 감수해야만 하는 헌법정치적 부담은 다름 아닌 연방대법관 자신이 몸소 감당할 몫이라고 주장하는 것이다.

이렇게 볼 때, 이 책의 독보적인 공헌은 브라이어 대법관이 단지 자신의 헌법이론을 주장하는 데에서 그치는 것이 아니라, 연방대법원에서 첫 10년 동안 마주했던 논쟁적인 사건들에서 스스로 취한 입장을 그 관점에서 정당화함으로써, 자신의 몸을 동료 시민들에게 비판의 과녁으로 제공한다는 점일 수도 있다. 다시 한번 비유적으로 말한다면, 바로 이와 같은 '스스로 과녁 되기(being spontaneously targeted)'를 통하여 브라이어 대법관의 몸은 이제 동료 시민들에게 '역동적 자유'의 실현과정에 동참할 것을 요청하는 일종의 초대장이 되는 것이다. 헌법이론을 연구하는 학자로서 나는 브라이어 대법관이 이상과 같은 논증을 통하여 스칼리아 대법관의 원전주의 또는 문언주의에 대한 안티테제를 수립하는 데 성공했다고 생각한다.

브라이어의 역동적 자유론과 스칼리아의 원전주의 또는 문언주의 가운데 어떤 사법철학이 더 바람직한가는 궁극적으로 각 개인의 세계관의 선택에 달려 있다. 하지만 헌정적 민주정치를 운영하는 정치공동체의 경우에 그러한 선택은 공동체의 차원에서 이루어질 수밖에 없으며, 이는 다시 두 개의 중첩적인 선택을 요구하는 것이다. 하나는 최종 판결을 담당하는 판사의 양심적 선택이고, 다른 하나는 그 판사를 자신들의 판사로 선택하는 동료 시민들의 정치적 선택이다.

이 점에서 매우 주목되는 것은 브라이어의 역동적 자유론이 '시민 대 시민'으로서 동료 시민들을 설득하는 데 상대적으로 유리한 측면이 있다는 점이다. 스칼리아 판사는 어쨌든 헌법문서의 해석을 통해서, 그 속에 자신의 목소리를 감추어서 무미건조한 목소리로 사건의 결론과 이유를 말할 수밖에 없는 데 비하여, 브라이어 판사는 '역동적 자유'를 추구하는 자신의 고유한 목소리를 가지고, 근본적으로는 판사가 아니라 판사직을 맡은 동료 시민으로서 사건의 결론과 이유를 말할 수 있기 때문이다. 동료 시민들에 대한 설득력을 확보하는 데 판사의 판결이 어떤 목소리로 내려지는가는 생각보다 중요한 문제이다. 만약 이 점에 주목하여 스칼리아 판사가 어느 시점부터 자신의 고유한 목소리를 드러내기 시작한다면, 그의 원전주의 또는 문언주의는 곧바로 해석주의의 본령에서 벗어날 수밖에 없을 것이다.

이 책을 읽고 번역하는 동안 나는 사법철학적 담론의 정수를 만끽하는 기쁨을 누리는 한편으로 미합중국의 시민들이 최고법원의 판사를 '저스티스(Justice)', 즉 정의의 화신으로 부르는 까닭을 새삼 헤아려 보게 되었다. 자유민주주의가 신봉하는 제한주권의 논리, 즉 권력분립 및 견제와 균형의 정신은 어떤 인간도 동료 시민들의 신뢰를 궁극적으로 감당할 수 없다는 '불신의 정치신학(political theology of distrust)'에 기초해 있다. 하지만 그와 같은 불신의 논리만으로 도저히 해결할 수 없는 정치적 난제가 특히 고통당하는 정치적 소수파의 몸에 발생하고, 헌법의 문언을 해석하는 것만으로는 그러한 난제를 풀 수 없는 경우에는 어떻게 해야 하는가?

이 책은 바로 그때 최고법원의 판사가 '역동적 자유'라는 헌법의 목적을 충실하게 지향하면서 스스로 자신의 몸을 동료 시민들 앞에 비판의 과녁으로 드러냄으로써 얼마 동안이라도 정의의 화신의 역할을 감당해 내야 한다고 말하는 것 같다. 바로 이 점에서 이 책은 자유민주주의가 지탱되기 위해서는 사법과정의 최종 심급에 궁극적으로 판사 자신의 고유한 인격으로 소급될 수밖에 없는 일종의 '신뢰의 법신학'(legal theology of trust)이 필요하다는 점을 설득력 있게 보여 준다. 물론 이와 같은 헌법이론적 차원의 평가는 결코 많은 논쟁적 사건들에서 독자들이 브라이어 대법관과 동일한 입장을 취해야 할 것을 의미하지는 않는다. 오히려 역동적 자유의 관점에 동의하더라도 브라이어 대법관과 다른 입장을 취할 수 있는 것이 역동적 자유의 본의에 더 부합한다.

나는 이 책을 첫 번째 연구년을 보내던 2006년 봄 시카고 다운타운의 한 책방에서 구입하여, 그야말로 단숨에 읽고 깊은 생각에 빠졌었다. 연구년에서 돌아온 뒤에도 여러 번 다시 읽었고, 한 번은 학부 4학년과 대학원생들이 함께 하는 세미나에서 한 학기 내내 강독한 적도 있었다. 공역자인 장철준 교수가 같은 캠퍼스에 머문 2009년 봄에서 2012년 여름까지 우리 둘은 캠퍼스 뒤편의 숲길을 자주 산책하곤 했는데, 그때마다 이 책은 두 헌법학자의 끝없는 대화에 중요한 자극제가 되어 주었다. 그때 우리는 언젠가 우리 둘이 이 책을 함께 번역하자고 결의를 다지기도 했으나, 정작 번역에 착수한 것은 장 교수가 다른 캠퍼스로 옮겨 간 이후였다. 허나 그로부터 다시 몇 년이 흐른 지금도 이 책의 번역문에는 역자들 사이의 산책길 대화가 켜켜이 녹아들어 있다.

번역 작업에서 마지막까지 역자들을 고민하게 만들었던 것은 이 책의 제목이기도 한 액티브 리버티(active liberty)를 어떻게 옮기느냐는 문제였다. 사전적 의미대로 '적극적 자유'로 옮기려니, 국내의 헌법학계에서 그 용어가 흔히 소극적 자유, 즉 국가로부터의 자유와 대비되는 국가로의 자유를 의미하는 것으로 쓰이고 있으며, 기본권의 분류상 이는 다시 자유권적 기본권과 사회권적 기본권의 대비를 연상시킨다는 점이 마음에 걸렸다. '능동적 자유'로 옮기더라도 유사한 맥락에서 '수동적 자유, 즉 헌법적 의무'와 대비되는 사태를 피하기 어려웠다. 관점을 바꾸어 '실천적 자유'나 '공화적 자유' 등을 대안으로 검토하기도 했으나 결국 지나친 의역의 위험을 벗어나기 어렵다는 결론에 도달했다.

이 책에서 저자는 위와 같은 헌법해석론상의 대비는 물론이거니와 '고대인의 자유 vs 근대인의 자유'와 같은 전통적인 대비를 뛰어넘어 그 모두를 아우르려는 시도를 감행하고 있다. 역자들은 그 핵심이 '주권적 권위의 민주적 분배'와 '지속적인 참여', 그리고 '이를 실제로 가능케 만드는 시민들의 역량'을 잇는 자유의 동학(動學)을 파악한 점에 있다고 보았다. 그리고 이 점이야말로 안토닌 스칼리아의 원전주의 또는 문언주의가 암암리에 내포하고 있는 자유에 대한 '정적(靜的) 이해'와 저자의 자유론이 근본적으로 갈라지는 지점이라고 생각했다. 역자들이 최종적으로 '역동적 자유'를 번역어로 선택한 까닭은 무엇보다 저자가 주창하는 자유의 역동성을 전면에 드러내기 위함이다. 다소 새롭긴 하지만 이 용어로 인하여 한국 사회에 민주공화국의 헌법에 내포된 자유의 본질이 무엇인지에 관하여 진지한 토론이 촉발되었으면 하는 마음이 있다.

오랫동안 매달려 있던 공역 작업을 마치면서 마음 한구석에 떠오르는 것은 오늘날 대한민국 사법이 마주하고 있는 현실이다. '정치의 사법화'가 항간의 용어가 된 것에서 알 수 있듯이, 대한민국에서도 헌법재판소와 대법원이 민주적 정치과정에서 해결하지 못했거나 해결할 수 없었던 난제들에 관하여 최종적인 결정권을 행사해 온 지는 제법 오래되었다. 그렇다면 그 과정에서 우리의 최고법원 판사들은 과연 어떠한 헌법이론과 사법철학을 동료 시민들 앞에 최종적인 근거로 제시해 왔는가?

헌법에 쓰여 있지 않은 수도의 존재를 관습헌법으로 정당화했던 '신행정수도특별법 위헌확인결정'(헌재 2004.10.21. 2004헌마554·556(병합), 소위 '관습헌법결정')에서 보듯이 스칼리아 판사와 같은 보수적 문언주의자들조차 한국 사회의 사법과정에서 설 자리를 잃은 것은 안타까운 현상이다. 게다가 최근 일부 정치적 사건들의 경우, 자의적으로 판단한 현실을 마치 헌법의 목적인 듯 가공하여 조악한 논변을 최종 결정의 이유로 내세우고, 이에 대한 비판도 법리적 차원을 넘어 정치적 혐오의 수준으로까지 고조되는 것 같다. 자칭 보수주의자들이 헌법 바깥의 정치적 목적을 사법적 최종결정에 녹여 내는 데 탐닉하고, 이에 대하여 자칭 진보주의자들이 헌법의 목적과 상관없는 당파적 비판과 혐오에 집착하고 있는 오늘날 대한민국의 사법 현실. 이는 무언가 잘못되어도 크게 잘못되었음이 틀림없다.

주지하듯, 오늘날 한국 사회의 소위 진보 진영 내부에는 정당정치의 복원을 주장하는 흐름과 생활정치/참여정치의 활성화를 외치는 흐름이 끊임없이 각축하고 있다. 그러나 안타깝게도 이들 모두는 실제로 가장 중요한 최종 결정이 내려지는 사법과정의 퇴행에 대하여 어떻게 대응할 것인지에 관해 아무런 대안을 가지고 있지 않다. 모두 각자가 생각하는 민주주의의 이념에 비추어 '정치의 사법화'를 비판하기만 할 뿐, 그 속에 누가 들어가서 어떻게 싸워야 할 것인지에 관해서는 짐짓 외면하고 있을 따름이다. 2000년대 이후 한국 사회에서 나날이 강화되고 있는 '사법의 보수화' 및 '보수의 사법화'의 흐름을 생각할 때, 이와 같은 상황은 진보 진영의 무지와 무능을 보여 주는 또 하나의 증좌가 아니겠는가?

이 점에 관하여 나는 이 책이 진보 진영의 상황 인식을 개선하는 데 기여할 가능성이 있지 않을까 생각한다. 기실 대한민국의 현행 헌법을 문언적으로 충실하게 해석하는 것만으로도 '사법의 보수화' 및 '보수의 사법화'는 상당 부분 제어될 수 있다. 어떤 의미에서 그동안 한국 사회의 자칭 보수주의자들이 헌법전 바깥의 정치적 목적을 내세워 온 까닭은 헌법 그 자체가 가지고 있는 진보적 함의를 감지하고 있었기 때문이라고도 볼 수 있다. 그렇다면 한국 사회의 진보 진영은 일단 헌법전 바깥으로 이탈한 자칭 보수주의자들을 헌법 문언 안으로 끌어들이는 데 정치적 실천의 초점을 맞추어야 하지 않겠는가?

이렇게 보자면, 스티븐 브라이어가 이 책에서 설파하고 있는 사법철학은 자칭 보수주의자들을 헌법 문언 안으로 끌어들이는 작업에 성공한 뒤, 진보적 사법적극주의가 어디로 나아갈 수 있는지를 예고하는 것으로 이해할 수 있을 것이다. 시간이 갈수록 기득권층의 역사주의로 전락할 가능성이 농후한 원전주의 또는 문언주의에 대항하기 위하여 그는 '역동적 자유'라는 헌법의 목적에 초점을 맞추어야 한다고 주장한다. 그리고 그와 같이 헌법 문언을 넘어서는 헌법정치적 부담은 다름 아닌 최고법원의 판사 자신이 감수해야 한다고 암시한다.

바로 이러한 맥락에서 나는 이 책이 대한민국 사법의 현재보다는 오히려 미래에 더 큰 의미를 가지게 되리라고 기대한다. 역자들의 세대는 헌법전 바깥으로 이탈한 자칭 보수주의자들을 일단 문언적 해석투쟁의 공간으로 끌어들이는 데 집중하는 것이 불가피하다. 하지만 그 작업은 어디까지나 헌법 해석의 플랫폼을 확보하는 것에 불과하며, 그것이 어느 정도 마무리되었을 때는 곧바로 본격적인 사법철학적 투쟁이 개시될 수밖에 없을 것이다. 바로 그때 진보적 사법적극주의자들이 고려해야 할 대안적 헌법이론의 하나로서 나는 이 책에서 스티븐 브라이어가 제시하고 있는 역동적 자유론을 미리 소개해 두려는 것이다.

사법과정이 자유민주주의의 핵심으로 남아 있는 한 스칼리아 대법관과 브라이어 대법관이 보여 주는 것과 같은 사법철학적 대립은 언제든 재현될 수밖에 없을 것이다. 그렇다면 지금 대한민국의 헌법재판소와 대법원에서 도무지 그와 같은 치열한 논쟁을 볼 수 없는 것은 그 자체로서 우리의 자유민주주의가 아직 정상화되지 못하고 있음을 증명하고 있는 것은 아닐까? 우리 헌법의 전문은 대한민국 헌법의 주어가 '우리 대한국민'이라고 말한다. 이 책을 읽는 우리 대한국민들은 바로 이와 같은 사법철학의 결여라는 문제를, 대한민국 헌법 문언에서 더욱 또렷하게 확인되는 '역동적 자유'라는 목적을 전제로 반드시 함께 깊이 생각해 보아야 할 것이다.

이 책을 번역하는 과정에서 역자들은 적지 않은 도움을 받았다. 무엇보다 한동대학교 법학부와 국제법률대학원의 학생들은 이 책을 강독하던 세미나에서 흥미로운 생각거리들을 제시해 주었다. 또한 이 책이 전제하고 있는 1980년대 이후 미국 연방대법원의 논쟁적 콘텍스트에 관해서는 한동대학교 국제법률대학원에서 오랫동안 미국 헌법을 가르쳐 온 백은석 교수로부터 귀한 통찰을 얻었다. 아울러 이 책의 번역과정에서 헌법이론 차원의 토론 기회를 제공했던 연세대학교 법학전문대학원의 김종철 교수와 그가 이끄는 SSK 공화적 공존 사업단에도 빚진 바가 많다. 이들 모두에게 깊은 감사를 표하면서, 그럼에도 불구하고 모든 오역의 책임은 여전히 역자들에게 있음을 밝혀 두고자 한다.

이 책을 읽는 우리 대한국민들 가운데 최고법원의 판사이기 전에 '역동적 자유'에 깊이 동의하는 시민들 중 한 사람으로 자기 자신을 동일시하고, '스스로 과녁 되기'를 통해 신뢰의 법신학을 몸소 실천하는, 새로운 시대의 최고법원 판사들이 나타나게 되기를 진심으로 바란다.

2016년 2월

포항 한동에서 역자들을 대표하여

李國運

서론

미합중국은 자유의 원리 위에 세워진 나라이다. 여기서의 자유에는 정부 압제로부터 자유롭다는 의미뿐만 아니라, 바로 그 정부에 마음껏 참여할 수 있다는 의미 또한 함께 들어 있다. 토머스 제퍼슨(Thomas Jefferson)이 "사회의 최종 권력을 안전하게 맡겨 둘 보관처는 내가 아는 한 인민(the people) 그 자신들밖에 없다"라고 하였던 맥락에서, 그의 관심은 정부의 권력남용을 경계하고자 하는 것이었다. 하지만 행정 참여자로서 시민 권리에 대한 제퍼슨의 다른 글, 시민이라면 누구나 "공공선에 대한 확실한 열망을 가지고 있다"라고 하였던 그의 경쟁자 존 애덤스(John Adams)의 언급, 미합중국 건국의 아버지들이 지칭하였던 "공적 자유"라는 개념은 모두, 전제정부로부터의 자유를 넘어서는 다른 무언가를 의도하고 있었다. 고대까지 그 역사를 거슬러 올라가는 자유의 이념, 즉 "정부에 참여함으로써 국가의 공적 행위를 수립하고 통제하는 권한을 다른 시민들과 나누어 가질 시민의 자유"라는 이념이 바로 그들의 염원이었다.[1]

정치철학자 뱅자맹 콩스탕(Benjamin Constant)은 미국 연방헌법이 채택되고 프랑스 대혁명이 발발한 지 30년이 지나 집필한 그의 책에서 이 두 자유의 차이점을 강조한 바 있다. 그는 이들 자유를 "고대인들의 자유"와 "근대인들의 자유"라 불렀다. 이 중 "고대인들의 자유"를 역동적 자유라 불렀는데, 시민들 사이에서 국가의 주권적 권위를 나누어 갖는다는 뜻을 담고 있었다. 시민의 관점에서 역동적 자유는 "집합적 권력에 대한 역동적이고 지속적인 참여"를 의미한다. "공적 공간에서 숙의에 참여하고", "전쟁 또는 평화를 선택하며", "조약을 체결하고", "법률을 제정하며", 정부를 이끄는 담당자들의 활동과 씀씀이를 조사한 뒤 잘못된 점이 있는 경우에 책임을 묻는 시민의 각종 권리를 말하는 것이다. 국가의 관점에서 역동적 자유는 "시민의 가장 신성한 이익을 수행하고 평가할 권한을 예외 없이 모든 시민들에게 맡겨 둔다"는 뜻이다. 콩스탕에 따르면, 시민들은 이러한 주권적 권위를 나누어 가짐으로써 "마음의 폭을 확대하고, 그 생각을 고결하게 하며, 민중

적 영광과 권력을 구성하는 일종의 지성적 평등을 그들 사이에서 확립"할 수 있다.[2]

동시에, 고대의 자유가 홀로 완전한 것은 아니다. 개인으로서의 시민을 다수의 압제로부터 보호하는 데 실패하였으며, "새로운 종류의 참주정"을 주장하는 사람들에게 음침한 핑곗거리를 제공하기도 하였다. 프랑스 대혁명 시기의 공포정치를 목도한 콩스탕은 견제받지 않는 "집단의 권위"에 개인을 종속시킬 때 발생할 위험성을 제대로 인식하게 되었다. 그리고 정부가 "고대 여러 공화국의 통치 수단들을 우리를 억압하는 도구로 차용하는" 사태가 발생할 수 있음을 경고하였다. 그는 정부라면 반드시 "진정한 근대적 자유"를 보호하여야 한다고 주장하였다. 이 자유는 "시민적 자유"로서, 부적절한 정부의 간섭에서 벗어나 개인이 자신의 고유한 이익과 욕망을 추구할 수 있는 자유, 즉 정부로부터의 자유를 말하는 것이다.[3]

콩스탕은 이 두 종류의 자유 모두가 매우 중요한 것이라 주장하였다. 고대의 자유를 지나치게 강조하는 사회는 다수로부터의 자유라는 개인적 권리의 가치를 너무 낮게 평가한다. 근대적 자유를 지나치게 강조하는 사회는 "자신들의 사적 독립성과 그 속에서의 개인적 이익추구를 향유하는" 시민들이 정치권력을 나누어 가질 권리를 너무 쉽게 포기하게 될 위험에 부딪힌다. 우리는 반드시 "이 둘을 결합하는 방법을 깨우쳐야 한다."[4]

이 책에서 나는 근대적 자유의 중요성을 인식하면서도, 그 결합의 상대편, 즉 콩스탕이 "집합적 권력에 역동적이고 지속적으로 참여하는" 인민의 권리라 불렀던 고대인들의 역동적 자유에 더 많은 관심을 쏟으려고 한다. 나의 논제는 헌법이나 제정법 텍스트를 해석하는 과정에서 법원이 헌법의 민주적 본질을 더욱 깊이 고려하여야 한다는 것이다. 이 논제는 사법적 겸양(judicial modesty)에 관하여 이미 잘 알려진 논리, 즉 입법자에 비하여 판사가 문제 해결에 적합한 전문성을 결여하고 있다는 주장을 포함한다. "인민"은 반드시 "정치적 경험"을 발달시켜야 하며, "자신들의 잘못을 교정하는 과정에서 윤리적 교육과 자극을" 받아야 한다. 마찬가지로 재판관들도 자기 자신을 "지나치게 신뢰"하지 않는다는 뜻에서의 의심, 조심성, 그리고 분별력을 겸비하여야 한다. 일찍이 러니드 핸드(Learned Hand) 판사도 이 덕목을 "자유의 정신"이라 설명한 적이 있었다.[5]

하지만 나의 논제는 위와 같은 고전적 논리를 넘어서는 것이다. 오히려 헌법의 민주적 목적 속에서 사법권에 대한 제한을 찾는다거나, 보다 근대적인 사법권 보장에 상응하는 고대 제도를 찾는 것뿐만 아니라, 고대의 자유와 근대의 자유 모두를 더욱 효과적으로 보장하기 위한 사법적 권위의 원천은 물론 여러 해석 지침까지 아울러 발견하려고 한다. 또한 우리 헌법 체계에 타당성을 부여해 주는 기본 관점을 찾을 것이다. 이 작업은 위와 같은 기본 관점에 의하지 않은 채 헌법을 읽었을 경우 합리성을 결여하게 되는 여러 모습을 밝혀내는 방식으로 실행된다. 헌법의 민주적 목적을 강조함으로써, 콩스탕이 언급한 두 자유 사이의 적절한 균형에 근접하는 방법을 몇 가지 사례를 통하여 설명하고자 한다. 이들 예에서 제안하는 바는, 법 텍스트를 해석할 때 판사들이 민주적 목적을 더욱 강조하게 되면 결국 더욱 바람직한 법을 만들어 낼 수 있다는 것이다. 이 법은 개인들의 공동체가 그때그때의 중요한 사회문제에 관하여 여러 실제적 해결책을 민주적으로 찾아내는 데 도움이 되는 것들이다. 동시에 이 사례들을 통해, 헌법 문언에 대한 해석이 문제가 된 경우에 판사가 현실적 결과 다시 말해 헌법적 목표의 관점에서 가치 있는 결과를 고려하는 것이 얼마나 중요한지를 알 수 있다.

한마디로 나의 테마(theme)는 '민주주의와 헌법'이다. 나는 헌법 전체에 울려 퍼지고 있는 민주주의적 테마, 곧 "역동적 자유"를 조명하고자 한다. 그 역할에 관하여 논하면서, 나는 이 헌법적 테마가 판사의 헌법 해석에 어떻게 영향을 미칠 수 있는지를 밝히고자 한다.[6]

특정 테마를 적용한다는 것*이, 헌법 해석에 관하여 하나의 일반이론을 제시하는 것은 아니다. 그러나 테마를 적용한 해석은 판사가 자신의 임무를 수행하는 데 중요한 역할을 담당한다. 언젠가 핸드 판사는 제정법규 해석을 악보 해석과 비교한 적이 있다. 특정한 이론을 채택한다고 하여 해석자가 작곡자의 의도를 완전히 포착할 수 있는 것은 아니다. 이론이란 음악가가 특정 테마를 다른 테마보다 더 강조할 수 있음을 합리화해 줄 뿐이다. 그러면 우리는 그것이 어떤 위대한 교향곡에 "고전파"의 반대인 "낭만파"적 관점에서 접근하는 해석이라는 점을 알아차릴 수 있다. 그렇기에 어떤 판사는 특정 법률의 민주주의적 테마에 더욱 관심을 기울일 수도 있고, 또 어떤 판사는 헌법 전체를 보다 민주주의적인 렌즈를 통하여 조망할 수도 있는 것이다. 대개는 접근방식, 관점, 주안점 중 하나가 가장 중요하다. 비록 이론 수준까지 도달하지는 못하였더라도, 이들 접근방식, 관점, 그리고 주안점이 법 안에서 중대한

....

* '특정 테마를 적용한다'는 것은 헌법을 해석하면서 특정한 주제의식에 입각한다는 뜻이다. 흔히 헌법해석은 해석자가 특정 입장에 서지 않고, 해석의 결과 또한 의식하지 않은 상태에서 이루어져야 한다는 원칙이 있다. 해석자가 중립적 위치에서 공정한 판결을 내릴 수 있다는 믿음 때문이다. 그러나 브라이어는 테마에 기초하지 않은 헌법해석이 불합리한 결과를 야기할 수 있다고 주장하며, 그 테마는 헌법의 목적인 민주주의에 대한 참여적 자유, 즉 역동적 자유여야 한다고 말한다. – 옮긴이

역할을 수행하게 되는 것이다.[7]

주안점의 문제가 특히 중요하게 떠오르는 경우는 우선, 판사가 제정법규나 헌법 해석에서 어려운 문제들에 봉착하였을 때이다. 모든 판사들은 임무 수행에 도움을 얻기 위해 비슷한 몇몇 기초 수단들을 이용한다. 즉, 법의 다른 부분에 담긴 관련 언어를 고려하면서 텍스트의 언어를 독해하는 것이다. 혹은 법 제정자들이 파악하였던 언어의 의미를 지시하는 내력을 비롯한 법 자체의 역사를 고려하기도 한다. 법 안에서 연관 언어가 과거에 어떻게 쓰였고, 현재 어떻게 쓰이고 있는가에 관한 전통을 살펴보는 것이다. 어구를 해석하였던 선례를 살펴본다든지, 어구가 무슨 의미이며 어떻게 적용되는지를 직접 지시하고 있거나 시사점을 주었던 여러 선례를 검토한다. 또한 어구의 목적 또는 (많은 헌법 구절과의 관계 속에서) 그것이 내포하고 있는 여러 가치를 이해하려 하고, 그 어구의 목적에 의해 가치가 부여된 해석 대안들의 개연적 결과를 예측한다. 대부분의 판사들은 이들 기본적 요소, 즉 언어, 역사, 전통, 선례, 목적, 그리고 결과가 유용하다는 점에 동의한다. 하지만 그렇다고 해서 이들 요소를 정확히 어디에 사용하고 또 어떻게 사용하는지에 관해서까지 대부분의 판사들이 동의한다는 것은 아니다. 어떤 판사들은 언어, 역사, 그리고 전통의 사용을 강조한다. 다른 이들은 목적과 결과를 강조한다. 이런 주안점의 차이가 중요한 것이며, 이 책에서는 그 이유를 설명하려고 한다.

다음으로 최고법원 판사, 즉 연방대법원 대법관의 특수한 헌법적 임무와 관련하여서도 주안점 문제는 중요하다. 내 생각에 최고법원의 직무는, 그것이 본질적으로 상소심이기는 하지만, 한 가지 중요한 측면에서 항소법원이 수행하는 직무와 다르다. 1심이나 항소법원 판사와 달리 연방대법관들은 헌법 사건을 지속적으로 다루기 때문에, 최고법원 업무를 통해 헌법에 관한 전체적 조망을 키우게 된다. 특정 종류의 정부에 적용하기 위한 일관된 틀거리를 만들어 내는 작업으로 헌법전을 이해하는 한도에서, 나의 관점은 다른 이들의 관점과 유사하다. 일반적으로 입헌정부는 민주적이고, 적은 숫자의 사람들에게 너무 많은 권력이 집중되는 것을 피하려 하며, 개인의 자유를 보호하고, 법이 각 개인의 평등을 존중해야 함을 주장하는 동시에, 오로지 법 그 자체의 기초 위에서만 작동한다고 알려져 있다. 헌법전은 이와 같은 일반적 목적을 개개 조문에 담고 있다. 예를 들어, 민주 정부의 운영 측면에서 볼 때, 헌법은 의회가 한 해에 적어도 한 번은 소집되어야 하고, 선거가 2년(또는 4년, 또는 6년)마다 실시되어야 하며, 대표의 방식이 10년마다 실시되는 인구조사에 근거하여 이루어져야 하고, 인종과 종교를 초월하여 모든 성인 남녀에게 투표권이 점진적으로 확장되어야 한다는 점 등을 요구하고 있다. (또한 헌법은 모든

주가 "공화국 정부형태"를 가져야 함을 보장하고 있다.)[8]

그러나 헌법의 민주적 목적과 헌법의 여타 일반 목적 사이의 관계를 이해하는 방식에서, 내 관점은 여러 다른 관점으로부터 구분될 수 있다. 개별 일반 목적에 각각 상대적인 중요성(comparative importance)을 부여한다는 점에 내 관점의 특이함이 있다. 또한 헌법의 어떤 특정 목적이, 그 목적을 직접 언급하고 있는 법조문을 해석할 때뿐만 아니라, 보다 포괄적인 내용의 조문을 해석할 때에 어떻게 영향을 주어야 하는가를 이해하는 방식에서도 역시 내 관점의 특이함이 있다. 물론 이러한 차이는 내가 헌법의 본질이나 그 기본 목적에 관하여 근본적으로 반대하는 것이 아니라, 그저 관점의 차이나 강조 정도의 차이를 두는 경우가 대부분이다.

마지막으로, 역사적으로 지금까지 다양한 연방대법원 구성원들이 시대에 따라 상이한 여러 헌법적 테마, 목적, 또는 접근방식을 강조하였다는 사실에서, 우리는 연방대법원의 특징을 역사적 시기에 따라 구분할 수 있고, 그 사법"철학"의 변동을 의미 있게 정의할 수 있다. 이러한 견지에서, 19세기 초반은 법원이 헌법 해석을 통하여 연방정부 및 연방사법부의 권위를 정초하고자 하였던 시기로 볼 수 있다. 반면 19세기 후반에서 20세기 전반에는 법원이 사유재산의 헌법적 보호를 과도하게 강조하였던 특징을 발견할 수 있다. 예컨대 로크너

대 뉴욕 주(*Lochner v. New York*) 판결에서 연방대법원은 홈즈(Oliver Wendell Holmes) 대법관의 반대의견에도 불구하고 뉴욕 주의 최장노동시간 규제 법률이 "계약의 자유"를 위반하였다고 결정하였다. 같은 기간 법원은 남북전쟁 관련 수정헌법 조항들의 기본 목적을 제대로 강조하지 않았는데, 이는 옳지 못하다. 즉, 이들 조항이 인종 구분과 관계없이 공동체의 모든 시민들에게 적용된다는 사실을 무시하려 하였던 것이다. 그 조항들을 통하여 모든 "사람들"에 대한 법의 동등한 존중을 보장함으로써 미합중국 헌법 첫 구절 "우리 인민(We the People)"을 정치적 실재로 만들 수 있다는 사실 또한 외면하고자 하였다.[9]

그 이후의 법원들, 즉 뉴딜 법원과 워렌(Warren) 법원은 헌법이 시민의 "역동적 자유"를 보호하는 방식, 예컨대 정부에 참여하는 권리의 범위 문제 등을 강조하였다. 뉴딜 법원은 로크너 시대의 여러 유산을 철폐함으로써, 시민 자신들이 선출한 정치적 대표들을 통하여 자치를 수행하는 데 필요한 헌법의 규범적 공간을 확대하였다. 워렌 법원은 남북전쟁 관련 수정헌법 조항들을 그 기본 목적에 비추어 해석함으로써, 아프리카계 미국인들이 자치시민의 국가 공동체의 완전한 구성원들이 될 수 있도록 직접적으로 공헌하였다. 이 자치시민들의 국가 공동체는 여성에 대한 선거권 확대와 같은 이후의 몇몇 수정헌법조항과 그것들을 심화시킨 일련의 "1인 1표" 취지의 연방대법원 판결을 통해 더욱 확대된 바 있다. 워렌 법원의 (법 속에 담긴 헌법적 약속을 법적으로 실제화하여야 한다는) 주안점에 의하여, 남북전쟁 관련 몇몇 수정헌법 조항(그리고 그 이후의 수정헌법조항)이 남북전쟁 이전 시대 헌법 해석의 가정과 전제, 조건을 변동시킴으로써 그 시대 헌법 언어의 범위를 얼마나 변화시켰는지를 이제 연방대법원 스스로도 의식할 수 있게 되었다. 그 와중에도 워렌 법원은 (정부로부터 시민을 보호하는) "근대적 자유"의 광범위한 보호를 제공하는 문서로서 헌법전을 독해하였다. 현 연방대법원의 특징을 정의하기란 쉽지 않지만, 내 생각에 연방대법원이 매우 심한 정도와 빈도로 역동적 자유의 시대적 중요성을 충분히 강조하지 않거나 간과하는 편으로 회귀한 듯하다는 점을 뒤에서 지적할 것이다.[10]

이상 모든 이유로 인하여 테마, 접근방식, 주안점의 문제로부터 헌법 해석 차이가 생길 수 있다는 점은 명백하다. 이 책은 이들 테마의 하나인 역동적 자유를 다룰 것이다. 나는 (최근 문제들에 집중하여) 여섯 개의 구체적 예를 살펴보고자 하며, 이를 통하여 역동적 자유라는 테마를 더욱 강조함으로써 판사들이 헌법 및 법률의 여러 규정을 해석하는 데 도움을 얻을 수 있다는 점을 밝히고자 한다. 또한 결과에 상당한 중요성을 부여하는 보다 광범위한 해석적 접근방식과 이 테마의 활용을 연결해 낼 것이며, 나아가 언어, 역사, 그리고 전통을 보다 중요시하는 다른 접근방식과 이 접근방식의 차이를 논할 것이다.

이 과정에서 나는 헌법재판을 담당하는 법원 판사의 임무를 설명하고자 하며, 내가 암묵적으로 설정한 일반적 해석방식의 활용이 왜 정당한지를 밝히려고 한다. 나아가 결과를 경시하는 다른 해석적 접근방식이 연관된 여러 헌법적 목표까지 과소평가함으로써 결국 너무 큰 헌법적 비용을 치르게 된다는 점을 확신하는 이유까지 설명하고자 한다. 더불어 최근 늘어난, 헌법의 민주적 목적에 대한 관심까지 집중하여 다룰 것이다. 또한 이를 통해서 판사들의 헌법 해석에 확실한 도움이 되는 핵심 테마로서 이들 헌법 목표를 더욱 강조할 것이다.

헌법 해석의 테마: 역동적 자유

THE THEME: ACTIVE LIBERTY

역동적 자유는 헌법 해석 전통에 속하며
헌법의 역사에 부합한다.

개념과 정의

서두에서 말하였던 것처럼, 역동적 자유는 국가 구성원들 사이에서 일어나는 주권적 권위의 분배를 가리킨다. 정부 활동의 정통성 문제 또한 주권에 관한 것이다. 주권적 권위의 분배라는 말에서 이러한 정통성에 인민들이 여러 방식으로 연관되어 있다는 것을 알 수 있다.

우선, 정부 정책 결정을 위한 권위가 인민 자신에 귀속하는 경로를 누구나 어렵지 않게 추적할 수 있어야 한다. 정책 결정은 인민들에 의하여 직접 실행되기도 하고, 다양한 방식의 여러 결정을 위하여 인민이 선출하였거나 지시한 사람들을 통하여 간접적으로 이루어지기도 한다. 그리고 그 권위는 반드시 광범위한 것이어야 한다. 결정에 인민이 재량권을 가져야 하며, 실책을 만회할 기회* 또한 마련되어 있어야 한다.

다음으로, 정도는 다르더라도 인민 자신이 정부에 반드시 참여하여야 한다. 참여는 직접적일 때 가장 강력하다. 예를 들어, 투표를 하거나, 타운 미팅을 가지거나, 정당원이 되거나, 특정 이슈 또는 이익과 관련 있는 활동을 할 때가 그러하다. 대리나 반영의 방식에 의할 경우 참여의 정도는 약하지만 최소한의 형태로 존재한다고는 말할 수 있다. 다만 이러한 경우에도 각각의 개인은 참여 여부를 결정하여야 하는 순간 자신이 참여권을 가지고 정치공동체에 소속되어 있다는 사실을 인지하고 있어야 한다.

마지막으로, 인민과 그 대표들은 반드시 그들의 민주적 책임을 행사할 수 있는 역량을 보유하여야 한다. 정보나 교육과 같이 효과적 참여와 통치에 필수적인 여러 수단을 가져야 하는 것이다.

역동적 자유를 말하면서, 나는 인민과 그들의 정부가 이러한 식으로 연결되어 있다는 사실을 부각하고자 한다. 이 연

....

* 민주주의가 항상 올바른 판단을 보장하는 것은 아니다. '집합적 다중의 의사'를 필수 요건으로 하는 민주주의 정치 과정에서는 다중의 판단 실수로 잘못된 결정을 하기도 한다. 주권적 권위가 공평하고 광범위하게 공유되어 역동적 자유가 보장된 사회에서는 잘못된 민주적 판단을 시정할 수 있는 과정 또한 마련되어 있다. 이 과정 또한 민주적이며 자유로운 절차임은 물론이다. – 옮긴이

결에는 책임, 참여, 그리고 역량 등이 포함된다. 나아가 역동적 자유는 결코 외부와 단절된 상태에서 이해될 수 없다. 그것이 현실 세계에서 작동하는 것이기 때문이다. 실제 세계에서 해석의 여러 제도와 방법은 반드시 이러한 형태의 자유가 시대를 초월하여 지속될 수 있는 방식으로, 또한 인민의 의지로부터 건전한 정책을 창출하게 하는 방식으로 설계되어야 한다.

헌법 해석의 전통

내가 여기서 고찰하고 있는 이 테마는 헌법 해석의 전통 속에 존재한다. 이 전통은 "전체 인민의 권리"만이 아니라 "전체 인민의 의무"까지 포함한 특별한 민주주의 관점까지 아우르고 있다. 여기에는 기술적(技術的) 조건과 민주적 가치 양면에 모두 기초를 둔 사법 자제(judical restraint) 또한 들어가 있다. 전자인 기술적 조건 문제는, 대부분의 입법 과정에서 선행되는 "사실관계 조사에 필요한 능력을 법원은 제대로 갖추고 있지 못하다"는 것이다. 후자인 민주적 가치 문제는, 법의 타당성에 대하여 판사가 "동의하거나 동의하지 않는 것"이 "법에 자신들의 의사를 구현하고자 하는 다수의 권리와는 아무런 관련이 없다"는 것이다. 이 두 가지 이유로 인하여, 만약 어떤 판사가

"정의로운 결과가 무엇인지"를 안다고 하더라도, "인민의 의지를 자신이 더욱 정의롭다고 생각하는 의지로 대체하여서는 안 되는 것이다." 입헌 민주정치에서 "인민에 대한 깊은 확신은 크게 존중받아야 한다."[1]

이 전통에서는 텍스트를 목적이 이끄는 것으로 이해한다. 판사는 반드시 제정법규에 "표현된 근본 목적이 무엇인지를 찾아서 정직하게 말하려" 노력하여야 한다. 판사는 헌법 언어를 "헌법 그 자체에 의하여 달성하고자 하는 위대한 목적의 현시"로 보아야 하며, "정부의 기본 틀"이자 "통치의 지속적 수단"인 것으로 읽어야 한다. 따라서 판사는 제정법규를 적용하든 헌법을 적용하든, "주어진 상황에서 상상력을 가지고 과거의 해결책을 재구성하며, 결정을 내리기 위한 구체적 상황에 법이 지향하였던 목적을 투사하여야 한다." 법은 삶과 연결되어 있기 때문에, 판사들이 목적의 조명 속에 텍스트를 적용하면서 "현재의 조건과 사회적·산업적·정치적으로 공동체에 미칠 여러 영향"과 더불어 반드시 결과를 감안하여야 한다. 또한 "해석의 목적은 의미를 확정하는 것이므로, 논리적으로 적합하지 않은 것은 배제되어야 한다."[2]

개방적 언어가 사용되고 정확하게 정의된 목적을 확인하는 것이 힘든, 판결하기 어려운 사안들이 있다. 실제 이런 사안에서 결정을 내려야 할 때 이 해석 전통으로부터 아주 일반적인 지침 자체를 얻으리라 기대하는 것은 아니다. 예를 들어 "적법절차나 평등보호 조항 등에서처럼, 특정 헌법 언어는 그러한 조항으로 구현되는 근본적 열망과 어떤 '분위기'를" 반영하고 있다. 이들 조항이 "행위의 규칙을 지도하기 위한 정밀하고 결정적인 지침이 되도록 설계된 것은 아닌" 것이다. 이 같은 개방적 조항들을 해석할 때, 판사는 "개인적 관점을 관철시킨다는 의미에서 고집불통이어서는" 안 된다. 판사라고 해서 그가 "생각하기에 최선인 것을 무엇이든 강제"할 수 있는 것은 아니다. 브랜다이스(Louis Brandeis) 대법관은, 사법심사권이라는 "최고의 권력을 행사하면서 우리의 편견을 법 원리로 만들어 버리는 결과를 막기 위하여, 우리는 반드시 자신의 파수꾼이 되어야 한다"라고 말하였다. 동시에, 판사는 다음과 같은 경직된 태도를 피하여야 한다. "추론 공식에 무비판적으로 의존하거나, 친숙하다고 하여 그것을 필요한 것으로 받아들여 버리거나, 오직 하나의 원리만이 수반된 문제는 어떠한 경우에도 해결할 수 있지만 불행히도 모든 중요한 논란에는 설사 분쟁이 아니라 하더라도 최소한 여러 원리 사이의 상호작용이 반드시 수반되어 있다는 점을 깨닫지 못하는 것" 등이다.[3]

그러면 판사는 이러한 "고집불통인 사람들"과 "경직된 사람들"의 경계 사이에서 어떻게 행동하여야 하는가? 이 해석 전통에서는 태도의 문제로 물음에 답한다. 즉 법에 관한, 해석에 관한 또는 헌법에 관한 특정 이론이나 거대 관점에 의존하는 것을 경계하는 자세로서의 태도를 말하는 것이다. 이러한 태도는 목적을 탐구할 필요성을 옹호한다. 판사들은 "법의 목소리로 겸손하게 말하여야" 한다. 또한 우리 체제의 민주적 본질 속에서 사법 자제의 단순한 정당화 그 이상의 것을 포착한다. 홈즈는 일반적 문제로서 "관점의 차이를 위한 상당한 정도의 자유를 허용할 것을" 판사들에게 상기시킨다. 또한 핸드는 입법과 사법의 양 측면에서 민주적 태도에 관하여 설명하며 다음과 같이 말한다. "다른 사람들을 이해하려는 정신, 즉 편견 없이 그들의 이익을 자신의 것처럼 중요하게 여기는 정신이야말로 자유의 정신 그 자체이다."[4]

역동적 자유에 관한 나의 토론은 이와 같은 언명이 제안하는 전통의 광범한 윤곽 속에 자리한다. 하지만 내 토론이 행하여지는 시점은 다르다. 홈즈, 브랜다이스, 스톤(Stone), 프랭크퍼터(Frankfurter), 그리고 핸드로부터 내가 인용한 의견들은 이후 여러 판결, 즉 인종차별을 철폐하고 자유를 보호하는 헌법의 여러 약속에 생기를 불어넣으며, 이로 인해 "우리 인민"이라는 헌법 표현을 헌법이 처음부터 의도적으로 배제했던 사람들까지 최종적으로 포함하는 어구로 탈바꿈시켰던 판결들을 감안하여 독해하여야 한다. 내 논의에서는 이와 같은 판결을 헌법의 여러 기본 목표를 심화시킨 것으로 보아 환영

한다. 내 목표 중 하나는 우리가 이 전통적 태도를 근본적으로 포기하지 않은 채 차후 결정을 수용하는 것이 철학적 모순 없이도 가능한 이유를 설명하는 것이다. 다시 말해, 이 태도를 취하더라도 헌법철학의 차이에서 발생하는 철학적 긴장감이 생각보다 크지 않다는 뜻이다.[5]

헌법의 역사

역동적 자유, 즉 민주적 자기통치에 참여하는 개인들의 권리에 중점을 두어 헌법을 이해하는 것은 역사적 관점에서 합리적인가? 나는 그렇다고 믿는다. 이러한 방식의 해석을 구체적으로 가능하게 하는 다양한 헌법 규정을 앞서 열거한 바 있다. 그리고 예를 들어 고든 우드(Gordon Wood)나 버나드 베일린(Bernard Bailyn)의 저작과 같이 헌법 제정에 관한 이 시대의 권위 있는 역사적 설명에 의하면, 역동적 자유, 즉 참여적 자기통치 원리야말로 헌법전이 만들어 낸 정부체제를 형성하는 데 가장 두드러진 요인이었다는 점 또한 명백하다.[1]

헌법 통치구조에서 민주주의적 본질이 가장 중요하다는 사실이 항상 명백하게 드러났던 것은 아니다. 예를 들어 존 애덤스는 헌법을 아리스토텔레스적 "혼합"정체를 구성하는 과정으로 이해하였다. 당시 우리 정부는 영국 정부처럼 18세기의 사회구조를 반영하였을 것이다. 연방 하원은 영국 하원처럼 인민의 기본 품위와 상식을 구현하는 새로운 연방정부의 "민주적 부분"을 이루는 것이었다. 연방 상원은 영국 상원처럼 사회의 귀족적 요소를 대변하려는 것이었으며, 때로 "야만적이고 잔인하기까지 한" 인민의 열정을 제어하며 지혜를 담아내기 위한 것이었다. 사회세력들 간의 균형을 잡고 유지하는 중재자이자 균형자로 봉사하는 연방대통령의 역할을 생각한다면, 연방 행정부는 사회의 군주정적 요소를 대변하려는 것이었다.[2]

하지만 애덤스 자신도 입헌주의에 대한 자신의 이해가 광범위하게 공유되지 않고 있다는 점을 알고 있었다. 또한 역사가들에 따르면, 개별 주에 의해 연방헌법이 비준되던 시기까지 일부 헌법기초자들이 주장하였던 상당히 "귀족주의적"인 관념은 소수 견해에 불과하였다. 오히려 헌법전은 인민에게서 주권적 권위가 발원한다는 관점을 반영하였고, "법을 만들 권리는 공동체의 모든 구성원들에게서 유래한다"는 견지에서 통치 구조를 조직하였다. 예컨대 (근대인들의 자유와 같은) 소위 개인적 자유를 보장해야 하는 것 등의 중대한 의무에 의하여 이 입법에 대한 권리는 변경되기도 하지만 동시에 더욱 강화되기도 하였다. 또한 작동이 잘 되는 정부를 만들어야 한다는 필요성을 이유로 입법권에 대한 중대한 제한이 가해질 수 있었다. 그 당시 "모든 구성원"이라는 말에는 여성이나 노예가 포함되지 않았다. "공동체"는 그들의 것이 아니었다. 하지만 그럼에도 불구하고 당시 "공동체"의 협소한 의미에서 볼 때, 헌법 구조는 민주적이었으며, 이후 공동체가 경험할 민주적 팽창을 위한 초석을 마련하여 두고 있었다.[3]

물론, 민주정체가 그리스 도시국가를 의미하는 것일 수는 없다. 본래도 많았을 뿐더러 계속 늘어나고 있는 인구 문제와 함께 국가의 지리적 규모 때문에, 국가 수준에서 아테네의 아고라나 뉴잉글랜드의 타운 미팅을 모방할 수는 없었을 것이다. 인민은 통치의 일상적 업무를 위임하여야 했다. 그럼에도 주권적 권위를 계속해서 나누어 가질 수 있었고 통치 과정에 적극적으로 참여할 수 있었다. "위임민주주의"라는 것이 반드시 민주주의 원리로부터 심각하게 이탈한다는 뜻을 담고 있을 필요는 없는 것이다.[4]

게다가 현대 역사가들의 관점에서 볼 때 독립혁명 이후 합중국 헌법이 제정되기 이전의 미국 정치사상은 대략 다음과 같은 특성으로 집약되어 있었다. 정부에 대해 의심의 눈초리를 보냈고, 행정부에 대해서는 적의를 가지고 있었으며, 강압적 성향으로 나아가려는 정부를 견제하기 위한 최상의 장치는 민주주의밖에 없다는 확신이 있었다는 점 등이다. 현재의 미국인들인 과거 식민지인들은 권력을 지속적으로 견제하고 그것이 자의적으로 행사되는 것을 방지하기 위하여 "관료적 권위에 대한 극단적 파괴"의 방법을 (아마도 유일한) 대책으로 생각하였다. 그들은 "국가 내에서의 자유가 곧 자기통치"라고 믿는 "공적 자유"의 개념을 가지고 있었다. 자유로운 인민이란 곧 정부가 강압할 수 없는 인민이라 생각하였다. "강압적 권력에 대한 헌법적 견제권"을 인민이 보유하기 때문이다. 따라서 혁명전쟁 종식으로부터 헌법 제정까지의 기간에 미국 대중이 내렸던 결론은, 혁명 이후 정부 구조에 반드시 민주주의 원리가 기초를 이루어야 한다는 점이었다.[5]

혁명 이후 식민지의 많은 시민들은 고도로 민주적인 형태의 주 정부를 만드는 것으로 그들의 민주적 신념을 구현해 내었다. 예를 들어, 펜실베이니아 주는 주지사를 없애고 선출직 12명의 평의회를 설치하는 헌법을 실험하였다. 1년 임기 단원제 입법부를 창설하였으며, 4년 중임 한도를 엄격하게 적용하였다. 또한 감사위원회(board of censors)를 창설하였는데, 이는 주 단위 대배심의 일종으로서, 각각 분리 선출된 그 구성원들은 입법부의 모든 행위를 조사하여 대중에 보고할 수 있었다. 게다가 많은 식민지에서 주지사는 입법기능에 참여하는 것이 금지되었다. 탄핵은 일반적이었고, 공직의 임기는 짧았다. 대부분의 미국인들은, "매년 치르는 선거가 없어지는 순간 독재가 시작된다"는 휘그(Whig) 공리를 받아들였다.[6]

그렇다면 연방헌법 기초자들은 왜 유독 연방헌법에 대해서만은 위와 같은 민주주의 구조로 만들지 않았으며, 주들은 왜 그러한 헌법으로 비준하지 않았을까? 왜 펜실베이니아 주처럼 보다 더 아테네에 가까운 형태의 민주정치에 근접하지 않았을까? 유권자들과 대표 사이를 민주적 권위의 "위임"에 필요한 정도보다 더 멀리 둠으로써, 그처럼 복잡한 형태의 정부를 창설하도록 한 이유는 무엇이었을까?

각 주에서 만들었던 원초적 형태의 민주적 정부 중 다수의 경험이 실망스러웠기 때문이라는 점에 어느 정도 이유가 있다. 펜실베이니아인들은 요동치는 대중 의사의 변덕을 그들 정부가 너무 충실히 반영하는 바람에, 서로 상충하는 여러 정책을 입법하였음을 알게 되었다. 정부는 채무 지급거절을 통해 불안정한 경기 상황을 조성하였다. 또한 끊임없이 교체되는 집단인 정부의 사람들은 서로서로에 대해 적대적인 상태에 있었던 적이 잦았다. 또 이와 유사하게, 셰이스의 반란(Shays's Rebellion)* 때 매사추세츠인들은 대중이 단순히 채무를 환급

....

* 미국은 독립전쟁을 승리로 이끌었으나 주 정부들은 막대한 부채와 인플레이션으로 큰 경제위기에 직면하였다. 1786~1787년에 많은 주에서 농민들의 감세 및 채무탕감

받기 위해서만이 아니라 특정 종류의 과세를 회피하기 위해서까지도 서로 싸우고 있음을 알게 되었다. 다른 주들 또한, 비록 이렇게까지 극단적이지는 않았지만, 비슷한 여러 어려움에 직면하였다.[7]

그러나 헌법 기초자들은 이러한 여러 난관에도 불구하고 본질적으로 민주주의에 기초한 세계관을 포기하지 않았다. 이것이 핵심이다. 그들은 "우리 인민"이라는 어구로 시작하는 헌법을 제정하였다. "우리 1787년의 인민"이 아니다. 오히려 법학자 알렉산더 미클존(Alexander Meiklejohn)이 우리에게 말하는 것처럼, "미합중국의 인민이 스스로 통치하여야 한다는 것은 합의된 사항이며, 모든 시간의 흐름 속에서 재확인된다"는 의미이다.[8]

그 후 헌법은 입법권을 하원과 상원에 부여함으로써 전문(前文)의 선언을 실천한다. 연방 하원과 상원은 모두 궁극적

....

요구가 빗발치는 가운데 무장봉기가 잇따랐다. 매사추세츠 주에서 전직 육군장교인 다니엘 셰이스가 이끌었던 반란의 규모가 가장 컸는데, 이들은 법원까지 점령하여 그들의 주장을 관철하려 하였다. 반란 이전까지 연방정부의 창설에 회의적이었던 많은 주들에서 이 반란의 극복 이후에 미합중국 연방정부의 필요성을 절감하게 되었다. 식민지배의 고통을 경험하였던 각 주의 주민들이 영국과 같은 중앙집권구조를 쉽게 받아들이지 못하였던 것은 당연하였으나, 어려워진 경제와 셰이스의 반란과 같은 내부적 혼란을 진정시키고, 프랑스·영국·스페인 등 열강의 침략을 막아 낼 주체로서 연방정부를 받아들이게 된 것이다. – 옮긴이

으로 인민에 책임지는 대표들로 이루어진다. 연방헌법 제1조에서 구체화한 내용은 다음과 같다. "연방 하원은 각 주 인민으로부터, 즉 각 주 의회 (상·하원 가운데) 의원 수가 가장 많은 원에 대한 선거인 자격 요건을 충족하는 유권자들로부터 (voters who "shall have the qualifications requisite for electors of the most numerous branch of the state legislature"), 2년마다 선택된 대표들로 구성된다."* 본래 제1조에는 연방 상원의원들이 각 주 "의회"에 의하여 "선택된다"는 점 또한 규정되어 있었다. 그러나 이렇게 하면서도 헌법 기초자들은 영국 귀족원을 "상원"의 모델로 삼지는 않았다. 오히려 18세기 상원 체제 지지자들은 이 두 번째 입법부가 "이중의 대표(double representation)" 역할을 함으로써 민주주의를 증진할 것이라고 주장하였다. 시민들이 선거를 통하여 자신의 주 의회 의원들을 이미 선출하였다는 점이 그 논거였다. 상원의원

....

* 연방국가인 미국에는 연방의회(Congress)와 별도로 각 주에도 주 의회(state legislature)가 구성되어 있다. 연방의회가 상원(Senate)과 하원(House of Representatives)로 이루어져 있는 것과 마찬가지로, 네브라스카 주를 제외한 나머지 모든 주 의회에는 두 개의 원(院)이 있다. 역시 House of Representatives로 불리는 주 하원은 상원보다 더 많은 수의 주민들을 대표한다. 하지만 몇몇 주에서는 하원이 Assembly 또는 House of Delegates의 이름을 가지고 있다.

연방헌법 제1조에서 "의원수가 가장 많은 원"이란 주 의회의 하원을 지칭하며, 이러한 주 의회 하원의원 선거권을 가지고 있는 유권자가 연방의회 하원의원 선거권자가 되는 것이다. – 옮긴이

지위가 얼마나 중요한지를 인식한 유권자들은, 자신들을 대표하여 원하는 연방 상원의원을 선택해 줄 주 의회 의원을 지지하였을 것이기 때문이다.[9]

제2조에서는 투표자가 아니라 선거인단에 의하여 선출되는 대통령에게 행정권을 부여한다. 그렇다고 이 메커니즘으로 인해서 민주적 통제로부터 자유로운 대통령직이 만들어지는 것은 아니다. 도리어 헌법은 인민으로부터 선출되었거나 인민에 책임지는 각 주의 입법자들에게 주 선거인단 선정 방식을 결정할 권한을 부여한다. 1789년 당시 5개 주에서 선거인단은 입법자들에 의해 선출되었고, 4개 주에서는 인민에 의해, 2개 주에서는 위 두 방식을 혼합하여 선출되었다.(2개 주는 참여하지 않았다.) 1832년에 이르기까지 선거인단은 사우스캐롤라이나를 제외한 모든 주에서 인민에 의하여 직접 선출되는 방식으로 확립되었다.(사우스캐롤라이나는 남북전쟁이 끝난 뒤 직접 선거로 바꾸었다.) 당시에도 그러하였지만 지금도 이렇듯 대중과 연결된 구조로 인하여, 대통령과 상원의원들이 스스로를 특정 사회 계급이 아니라 "우리 인민"에게 책임지고 대표하는 지위에 있음을 자각하게 되었다.[10]

그렇게 해서 헌법제정회의(Constitutional Convention)의 유력 인물이었던 제임스 윌슨(James Wilson)은 입법부 이외의 권력에 관한 헌법 기초자들의 생각을 다음과 같이 정리하였다.

> 행정권과 사법권은 이제 입법적 권위와 동일한 원천에서 나오고, 동일한 원리로 움직이며, 동일한 목적을 지향한다. 행정권을 행사하는 사람들, 법을 집행하는 사람들 역시 법을 만드는 사람들과 마찬가지로 시민의 공복이며, 인민의 친구이다.[11]

또한 존 테일러(John Taylor)는 1790년 글에서, 민주주의 원리에서 후퇴하는 헌법 구조와는 타협하기 곤란하다는 맥락을 피력하였다. 그는 먼저 "권력이란 정부와 인민이 분점하는 것이며 인민은 정부 권력을 통제할 권한을 가지고 있다"고 밝혔다. 이렇게 분배된 정부 권력은 이후 여러 헌법기관에 다시 "한층 더 철저하게 할당되어" 나뉜다. 그러나 권력이 분배되었음에도 인민은 정부를 구성하는 헌법기관의 정책 결정 활동을 계속 통제하게 된다.[12]

혹자는 이와 같은 설명이 민주주의에 대한 헌법 기초자들의 열성을 지나치게 과대평가하는 것이라고 주장할 것이다. 앞서 언급하였던 것처럼, 헌법은 대의민주주의에 필요한 여러 원리보다 훨씬 복잡할 뿐 아니라, 어떤 면에서는 인민으로부터 더욱 멀리 떨어져 있기도 하다. 이 사실이 애덤스가 지적하였던 것처럼 민주주의로부터 귀족정 방향으로 상당히 후퇴하였음을 반증하는 것은 아닌가?

반드시 그렇지만은 않다. 이들 동일한 헌법적 사실로부

터, 우리는 민주주의 원리의 후퇴를 발견하기보다는 민주적 원리에 충실한 정부를 만들려는 노력을 찾을 수 있기 때문이다. 이 맥락에서 민주적 원리에 충실한 정부란, 실제로 작동 가능하면서도 압제에 대항하여 개인들을 보호할 수 있는 실천적 문제 해결 능력이 있는 정부를 말하는 것이다. 그러므로 우리는 헌법의 구조적 복잡성 속에서 특정 개인들의 집단이 너무 많은 권력을 행사하는 것을 방지하기 위한 노력과 아울러, 그것을 통하여 개인의 (근대적) 기본적 자유를 보호하는 형태의 민주주의를 창출하기 위한 노력 또한 찾을 수 있다. 그리고 그러한 구조적 복잡성으로부터 자기 파괴적 공공정책 계발 경향을 피하고자 하는 노력, 예를 들어 펜실베이니아와 메사추세츠의 경험에서 알 수 있듯, 아무리 민주적인 정부 형태라도 국민의 필요에 부합하지 않는 법이 만들어질 수 있음을 피하려는 민주주의 정부 형태를 향한 노력 또한 발견할 수 있다.

제임스 매디슨(James Madison)이 "당파"의 문제점이라 불렀던 예를 생각해 보자. 고든 우드가 말했듯, 이는 새 국가가 다양한 사회적, 경제적, 그리고 종교적 이익에 직면하였다는 사실로부터 생겨났다. 구체적으로 "부자와 빈자, 채권자와 채무자, 토지 이익, 화폐 이익, 상업 이익, 제조업 이익" 등이 대립하고, 각 범주 안에 수많은 세부 영역이 존재한다. 이들 집단이 대표를 선택할 때 "능력, 통합성, 또는 애국심"이 아닌, 오로지 각 집단의 특수 이익을 증진하기 위한 의도만을 고려하는 것이 자연스러운 경향이었음은 독립혁명 이후 각 주의 경험을 통해서 알 수 있다. 이것은 당시 사회의 "위대한 목표들"이 "지역주의에 끊임없이 희생당한다"는 의미였다. 작은 선거구로 쪼개져 있으면서 1년 임기의 대규모 의석수를 가졌던 단원제 주 의회들은 아마도 진정한 민주주의에 대한 아테네식 이상에 근접한 것이었을 수 있다. 그러나 이들은 급격한 "팽창과 동요"를 겪고 있었고, 자신들이 활동하는 '특정 집단'의 요청을 사회 '일반의 목소리'로 착각하는 것을 반복하는 "편협한 정치인들로 가득 차 있었다." 헌법 기초자들의 목표는 "당파주의의 위험성에 대항하여 공동선과 사적 권리를 확보하려는 것이었고, 동시에 민주 정부의 정신과 형식을 보존하고자 하는 것이었다."[13]

그들은 어떻게 목적을 달성하였을까? 매디슨은 선거구를 광역화하여 더 많은 정부 구성원들이 자신들의 지위를 유권자 다수에 의존하도록 하는 것을 답으로 제시하였다. "만약 선출된 공직자들이 자신을 뽑은 사람들의 이익만을 고려하게 된다면, 그 유권자의 수를 확대하는 방법이야말로 공직자들의 시야를 넓히는 가장 쉬운 방법일 것이다." 물론 선거구는 선출된 공직자들이 유권자들과 접촉하지 못할 정도로 너무 넓어져서는 안 될 것이다. 하지만 "경솔한 정책과 그러한 정책을 만들고 실행하는 기관"을 억제할 수 있을 정도의 규모는 되어야 한다. 선거구는 반드시 "정의롭지 못한 목표를 추구하고자 하는 특정한 공동의 이익이나 열정이 전체 구성원의 다수를 포섭하지 못할" 만큼은 넓어야 한다. 매디슨은 이 같은 선거구의 확장이 "분별 있는 식견과 도덕적인 감성을 갖춘 대표들로 하여금 지역적 편견이나 불의한 책략을 극복"하고 국가 전체의 진정한 이익을 추구하도록 이끄는 효과가 있을 것이라 예상하였다. 또한 양원제는 그 설계자인 인민이 하나가 아닌 두 개의 의회를 통제하도록 함으로써, 그리고 "상호 감시와 견제를 예정한 상이한 인민집단들"에게 인민의 "신뢰"를 분리함으로써 인민의 궁극적 권력이 박탈되는 사태를 미연에 방지하고자 하였다.[14]

매디슨의 분석과 같은 맥락에서 헌법은 연방 상원의원이나 연방 대통령의 선거구를 각각 주 전체와 국가 전체로 광역화하면서도, 연방 하원의원의 선거구는 작게 유지하였다. 많은 다양한 이익이 산재하도록 선거구를 확대하면, 특정 정파가 선거구민들의 보편적 안녕을 희생시킨 채 영향력을 독점하게 될 가능성은 줄어든다. 또한 연방 하원의원들은 2년의 임기로 25세 이상이면 피선될 수 있었지만, 연방 상원의원들은 6년 임기로 30세 이상이 되어야 했다. 4년 임기인 연방 대통령은 35세 이상이어야 했다. 임기가 길어지고 최소연령요건이 높아질수록 대중 감성의 단기적 변덕에 휘둘리지 않을 가능성이 높고, 평가 대상이 된 적 없는 정치적 후계자보다는 검증된 지도자가 공직에 당선될 가능성이 높다. 동시에 연방 상원의원들과 연방 대통령은 선거, 구체적으로 주 입법부나 선거인단에서의 선거를 통하여 여전히 인민에 책임을 질 수 있게 된다.[15]

덧붙여, 연방헌법이 처음 설계하였던 구조를 통해 억압적 정부 활동으로부터 개인을 보호하고자 하였던 방식에 대하여 생각해 보자. 이것은 초기 미국인들에게 중요한 목표로서, 연방정부 권력이 인민으로부터 나온다는 사실, 그리고 연방정부가 인민에 대하여 책임을 진다는 사실을 확실하게 해야 한다는 것이었다. 처음에 다수의 미국인들은 목표들 사이에서 갈등이 발생할 가능성을 인정하지 않았다. 공적 자유에 기초하고 철저한 민주 정부라면 시민들의 개인적 권리를 자연스럽게 보호하게 될 것이라고 믿었기 때문이다. 미국인들은 정부에 "참여하는 인민의 권리"를 보장하는 것이 개인들의 근대적 자유를 보장하는 최고의 방법이라고 생각하였다. 그러나 덜 훈련된 민주주의를 배경으로 이루어졌던 여러 주 정부에서의 실험은 이러한 관점에서 보아도 실망스러웠음이 증명되었고, 일부에서는 새로운 형태의 전제주의라 명명된 사태들이 일어나기도 하였다.[16]

이런 이유로 헌법은 구조적 안전장치들을 마련하기에 이

르렀다. 그 안전장치가 기본적으로 연방정부 각 권력 사이에서 벌어지는 견제와 균형, 제한적 권력을 보유한 연방정부로의 위임이라는 복잡한 구조로 이루어짐으로써, 권력이 분산되고 중앙정부의 충동적 활동이 예방되었다. 독립된 사법부는 이러한 구조의 부가적인 보호책으로 이해될 수 있었다. 연방정부에 제한된 권력을 부여한 헌법상 위임을, 연방정부로 하여금 개개 시민들의 (소극적) 자유를 박탈할 수 없도록 한 조치인 것으로 판사들이 해석할 수 있었기 때문이다. 각 주 헌법도 주 정부의 권한남용을 억제하기 위한 다른 보호책들을 덧붙였다. 그러나 연방헌법을 작성하고 비준하였던 많은 사람들은 "고대인들의 자유"나 복잡한 헌법구조에 체화된 자유 어느 것 하나도 충분한 것으로 판명되지 않았다고 생각하였다. 그렇기 때문에 개인의 기본적 자유를 특정하여 정부의 개입으로부터 명시적으로 보호하고자 권리장전을 덧붙였던 것이다.

여기서 중요한 점은 나의 원래 질문, 즉 "역사적으로 볼 때, 헌법을 민주주의적 자기통치에 초점을 둔 것으로 이해하는 것이 합당한가?"에 대하여, 역사를 통해 긍정적 대답을 얻을 수 있다는 것이다. 헌법이 역동적 자유를 그 자체로서, 또한 개인적 (근대적) 자유를 확보하는 부분적인 수단으로서 주목한다는 점은 역사적 관점에서 적절하게 관찰될 수 있다. 헌법 기초자들은 보다 직접적 형태의 민주 정부가 가진 부작용을 "통제하고 완화하도록" 고안된 요소들을 헌법에 첨가하였다. 그 와중에서도 "자신들이 시민혁명이나 민주 정부를 거부한다고 이해하지는 않았다." 오히려 "그 둘을 극단으로부터 구출하고 있는 것으로 보았다." 유권자 자격을 광범위하게 확장하는 규칙에 의한 각 주의 특별선거라는 방식으로 헌법을 비준하였다는 점에서, 헌법 문서 자체의 민주적 특성을 읽을 수 있다.[17]

역사가 확증하듯, 최초의 헌법은 불충분한 것이었다. 헌법의 "민주적 공동체" 안에 인민들 대다수를 포함하지 못하였다. 남북전쟁과 80년간의 인종적 분리를 거친 뒤에야 노예들과 그 후예가 헌법을 그들의 것으로 여기게 될 수 있었다. 여성들도 1920년까지 투표권을 부여받지 못하였다. "인민"은 헌법을 수정하여야 했는데, 헌법의 민주적 토대를 확장하기 위해서만이 아니라 개인의 기본적 (소극적) 자유를 확대하고 보다 충실하게 보장하고자 하였기 때문이었다.

그러나 최초 헌법문서는 민주주의의 씨앗을 뿌렸다. 매디슨이 미국 헌법은 "자유에 의하여 용인된 권력의 헌장"이지 (유럽에서처럼) "권력에 의하여 용인된 자유의 헌장"이 아니라 하였던 그때나 지금이나, 그의 언명은 미국 정부에 대한 근본적 실체와 관련된 것이었다.[18] 『연방주의자』 논집 39장에서 그는 이에 관한 대중의 신념을 다음과 같이 설명하였다.

> 그 어떤 다른 정부형태도 미합중국 대중의 특별한 능력이나, 혁명의 여러 근본 원리나, 혹은 모든 자유의 수호자들에게, 우리의 모든 정치적 실험이 인류의 자치적 역량에 근거하도록 영감을 불어넣었던 영광스러운 결단과 결합할 수 없다는 것은 명백하다.[19]

현재의 여러 목적에 비추어 볼 때, 위 설명은 충분한 것이다. 이는 최초 헌법문서의 일차적 목표에 관한 특정 관점을 지지한다. 이 관점에서는 헌법이 역동적 자유를 증진하고, 모든 시민들이 정부의 권위를 공유하는 정부형태를 창설하며, 공공정책 결정 과정에 참여하게 한다. 또한 위임의 실질적 필요성, 비파괴적 (그리고 바라건대 건전한) 공공 정책의 실질적 필요성, 그리고 개인의 기본적 자유 보호를 위한 실질적 필요성 등에 부응하기 위하여 헌법이 구조적으로 복잡성을 띨 수밖에 없었던 것으로 이해한다. 역시 이 관점에서 헌법의 민주적 명령은 이와 같은 실질적 필요에 도움이 되는 것임은 물론, 나아가 이를 요구하는 것이라는 의미까지 지니게 된다. 후일 수정조항들을 통하여 헌법이 어느 정도 변형되었지만, 그 과정에서도 이미 헌법문서 내에 부분적으로 존재하였던 여러 헌법적 목표는 확증되고 완성되었다.

요컨대, 우리 헌정사는 작동 가능한 정부, 작동 가능한 민주 정부, 나아가 개인적 자유 보호를 수행할 수 있는 민주 정부에 대한 탐색 과정이었다. 우리의 주된 관심은 "인민의, 인민에 의한, 인민을 위한 정부"를 향해 있었다. 이하에서 설명하는 적용을 통하여, 이러한 헌법적 이해가 현대 정부에 관련된 문제들을 해결하기 위한 헌법 해석에 얼마나 큰 도움을 주는지를 알 수 있을 것이다.

적용

APPLICATIONS

민주적 의사결정을 위한 공간 확보의 필요라는 의미로 읽을 수 있는 이 역동적 자유 원리는, 헌법 판단에서 사법적 겸양, 즉 사법 자제의 태도를 요구한다. 하지만 그보다 더 중요한 것이 있다. 헌법의 민주주의적 목적을 더욱 깊이 인식하고 또한 그 목적을 달성하는 데 법원이 행할 수 있는 역할을 이해하는 것은, 직접 숙의과정에 참여하는 주체로 활동하거나 관련 헌법 및 제정법 조항에 대한 실질적 해석자로 행동하는 판사들을 인도하는 지침이 될 수 있다는 점이다. 표현의 자유, 연방주의, 프라이버시, 평등 보호, 제정법 해석 그리고 행정행위에 대한 사법심사 분야 등의 예에서 그 구체적 모습을 볼 수 있을 것이다. 이들 각각의 영역은 민주적 대응을 요하는 현대 정부와 관련한 여러 문제를 다루고 있다. 이 모든 경우에서 나는 판사들이 헌법의 민주주의적 목표를 더 깊이 인식함으로써 여러 가지 해석 주제를 더욱 효과적으로 다룰 수 있고, 그럼으로써 공동체가 그 주제를 품은 문제들에 한층 더 잘 접근할 수 있다고 믿는다.

표현

첫 번째로 살펴볼 분야는 연방수정헌법 제1조에 관한 것이다. 특히 선거비용 모금, 여러 공적 관심사에 대한 기업 광고, 맞춤 의약품 시판을 알리는 약국 광고 등에서 표현에 영향을 미치는 특정 활동을 정부가 규제하고자 할 경우, 수정헌법 제1조가 어떻게 적용되는가에 초점을 맞추고자 한다. 이러한 예를 통해서, 수정헌법 제1조가 여러 민주적 의사결정 제도를 창설하고 보존한다는 헌법의 기본적인 목적을 달성하기 위한 표현의 자유 시스템과 괴리된 것이 아니라 오히려 그러한 목적을 유지하려는 노력의 일환이라 이해하는 것이 얼마나 중요한지를 확인할 수 있다.

수정헌법 제1조 사건에서 법원이 통상적으로 출발하는

지점으로부터 위 사항에 대한 논의를 시작한다. 법원은 표현과 관련된 행위를 엄격한 위헌성, 다소 엄격한 위헌성, 완전히 관대한 위헌성의 전제를 두어 각각 달리 적용할 의도로, 문제가 되는 표현에 대한 범주화를 시도한다. 즉 당해 표현이 강한 보호를 전제하는 "정치적 표현"인지, 중간 단계 정도의 전제를 요하는 "상업적 표현"인지, 아니면 단순하게 합헌성이 추정되는 경제적 규율의 형태인지를 묻는 것이다.

법원의 이러한 접근은 타당한가? 어떤 이들은 이렇게 범주화된 구분 방법이 번지수를 제대로 찾지 못한 기획이라 주장한다. 헌법 문언의 어디에도 이렇게 구분할 근거가 없다는 것이다. 명백하게 헌법은 정부 규제로부터 "표현의 자유"만을 보호한다 말하고 있다. "표현은 표현일 뿐이며, 그것이 문제의 관건이다."* 그러나 수정헌법 제1조의 법리가 "표현은 표현일 뿐"이라는 구호를 구현하는 것이라는 정도의 주장으로는, 표현들 사이에 구분을 두려는 노력에 제동을 가하는 비판을 수행할 수 없다. 수정헌법 제1조가 근대적 자유뿐만 아니라 역동적 자유를 보호하기 위한 것이라는 사실 자체가 이를 뒷받침한다.[1]

....

* Speech is speech and that is the end of the matter. 이 문장은 표현이 모두 동일한 가치를 가지는 것이라는 전제를 정당화하는 생각으로 이해할 수 있다. – 옮긴이

헌법상 창설된 민주 정부는 표현을 매개로 하였을 때 발생할 수밖에 없는 여러 행동을 규율하고 있다. 오늘날 노동자들은 목재나 금속이 아닌 정보를 다룬다. 물질에 기초한 과거 모델 못지않게 현대의 정보 기반 일터에서도, 예컨대 경쟁제한제도를 해소하고, 정보 정확성을 추구하며, 차별을 철폐하고, 건강·안전·환경·소비자 보호 등을 확립하기 위하여 공동체의 기준을 적용하는 것은 필수적이다.

이러한 기준을 구현하는 법률은 명백히 표현에 영향을 미친다. 품질보증에 관한 법률에 의해서 기업은 제품에 특정 내용물에 관한 설명표를 붙여야 한다. 주식과 소비자 보호에 관한 법률은 기업이 비밀에 붙이고자 하는 정보를 공개하도록 요구한다. 건강보호에 관한 법률은 아동에 대한 담배광고 금지를 명하고 있다. 차별금지법에 의해 고용주는 자신의 종업원에게 특정한 종류의 발언을 할 수가 없다. 통신에 관한 법률은 케이블 방송국에 네트워크 접근권을 제공하도록 명한다. 선거자금법은 후보자에 대한 시민의 기부 금액을 제한한다.

이러한 현상을 서로 비슷하게 취급한다면, 즉 이들 모두를 시민의 "근대적 자유권"인 발언의 자유를 제한하려는 유사한 입법 노력으로 이해한다면, 너무나 많은 종류의 행위가 단일한 기준의 그늘 아래 서로 뒤섞이고 말 것이며 결국 딜레마 상황에 직면할 것이다. 먼저, 수정헌법 제1조를 강력히 옹호하는 기준이 전면적으로 적용될 경우 민주적으로 구성된 정부가 그 운영에 필요한 규제를 만들어 내지 못할 수 있다. 만일 표현에 대한 정부의 모든 통제에 구별 없는 기준이 적용된다면, 애초에 민주주의의 구조적 통치 과정을 수호할 필요에서 비롯되었던 표현 권리에 대한 강력한 보장으로 말미암아, 경제·사회 분야에 관한 공적·실질적 규제의 선택이 부당하게 제약되는 일이 발생할 수 있는 것이다. 실질적 선택의 제한은 민주 정부라면 당연히 보유하고 있는 자유 보호 구조에 필요한 모든 장치를 압도하는 것으로서, 이로 인해 규제의 실책을 감수할 여지가 없어짐은 물론, 인민 의사 결정에 민주적으로 필수적인 여유마저 박탈될 수 있다. 이는 중도의 결여라는 이상한 모습이며, 로크너 판결에서의 패착과 다름없는 것이다. 근대적 수정헌법 제1조의 모습에서 그러한 불신의 역사를 재현하기를 원하는 사람은 이제 없다.

반대로, 로크너식 자유주의를 회피하기에 충분하지 못할 정도로 수정헌법 제1조의 일관된 기준이 유약할 경우, 이를 전면적으로 적용한다면 수정헌법 제1조 자체를 약화시켜, 건강한 민주주의를 유지하기 위한 '생각의 자유로운 교환'이 충분히 보장되지 못하는 사태가 벌어질 것이다. 결국 "표현은 표현일 뿐"이라고 주장하는 사람들을 비롯하여 대부분의 학자들은 이러한 '구분'의 필요성을 인정할 수밖에 없다. 이제 남은 문제는 '어떻게 구분하는가'이며 '어디에 적용하는가'이다.

이 시점에서 헌법의 보다 일반적인 목표를 이해하는 것이 도움이 되리라 생각한다. 첫째, 역동적 자유는, 예를 들어 선출직 공무원들이 행하는 정치활동이나 정책입안 관련 분야에서의 발언과 같이, 공론 형성 작용과 직접 연관된 표현을 법이 제약하는 경우 특별한 위험에 처하게 된다. 이런 상황에서의 특별한 '위험' 때문에, 사법상 매우 강한 표현 친화적 추정이 수립된다. 역시 이러한 위험을 경계하기 위하여, 문제되는 표현이 공론을 형성하고자 하는 경우, 특히 공론이 정치 과정과 우리 사회가 나아갈 방향에 영향을 미치게 될 경우에는 언제나 신중한 태도로 사법심사에 임하게 된다.

둘째, 일반적인 광고 규제나 경제 규제가 문제될 때면 보통 이러한 특별 위험은 존재하지 않는다. 더구나 강력한 표현 친화적 추정이 형성되면, 역동적 자유 관점에서 볼 때 입법부에 너무 가혹한 제약이 가해질 위험이 생긴다. 즉 헌법이 허용하는 대중적 숙의와 활동을 위한 입법 영역 범위가 현저히 제한될 수 있는 것이다. 이 두 번째 위험이 존재한다는 것은 특별하고 강력한 사법상의 표현 친화적 추정에 대한, 혹은 특수한 규칙 회의적(regulation-skeptical) 사법심사*에 대한 경고의 의미를 갖는다.

결론은, 일반적으로 헌법 목표에 의지함으로써, 특히 역동적 자유를 통하여 법원은 주어진 법 유형에 적용하는 심사 범주를 용이하게 정당화할 수 있다는 것이다. 그러나 이러한 사고방식은 여타의 방법과 달리, 매우 엄격하고 고정된 범주 경계에 반대하고 너무 기계적인 범주의 적용에 반대한다. 오히려 법원은 역동적 자유 개념을 통하여 개별 사안에 알맞은 범주를 정의하고 적용할 수 있을 것이다.

선거자금 개혁 문제에 대하여 생각해 보자. 이 논의는 후보들 간 선거 기부금 확보 능력에 심대한 차이가 발생하고, 특히 텔레비전 광고 등에서 선거 자금이 폭발적으로 증가하면서 나타나기 시작하였다. 그 예로, 2000년도 선거 지출은 14

....

* 정치적 표현을 제한하는 법률이 헌법에 위반되는지를 심사할 때 연방대법원은 보통 엄격심사원칙(strict scrutiny)을 적용한다. 즉, 문제되는 표현이 발생시킬 해악이 중대하고 이를 규제하여야 할 공적 필요성이 절실하다는 것을 국가가 입증하도록 하는 것이다. 이를 증명하지 못하면 법률은 자연히 위헌으로 판결된다. 이러한 사고방식은 사법부의 판단 과정이 표현 친화적인 추정 위에서 이루어진다는 뜻이며, 이는 동시에 표현을 제한하는 규칙에 대해 위헌이 아닌가 하는 의심을 먼저 둔 상태에서 위헌이 아니라는 증명이 있을 때만 합헌으로 판단하겠다는 뜻이다. 이를 규칙 회의적 사법심사라 칭하였다.

강력한 표현 친화적 추정·규칙 회의적 사법심사가 이루어지면, 표현의 자유 보호를 신장하는 효과가 발생하나, 자칫 어떠한 표현에 대해 이러한 방식의 심사를 할 것인지에 대한 입법적 토론까지도 말살할 위험이 야기된다. 브라이어는 표현의 구체적 내용을 고려하지 않고 무비판적으로 규칙 회의적 태도를 가지는 사법부의 판단을 비판하고자 이 대목을 기술하였다. – 옮긴이 억 달러에 이르렀고 두 대선후보자들은 약 3억 1천만 달러를 사용하였다. 대통령선거 없이 중간선거만 치렀던 2002년에도 10억 달러 이상을 지출하였다. 하원 선거에는 일반적으로 90만 달러, 현직 의원이 불출마한 곳은 120만 달러가 소요되었고, 상원 의석을 위해서는 일반적으로 약 480만 달러, 현직 의원이 출마하지 않은 곳은 710만 달러가 필요했다.[2]

다른 민주주의 국가의 선거비용은 매우 저렴하다. 영국 또는 캐나다 의원 선거에서는 개별 의석당 각각 1만 3천 달러와 4만 3천 달러를 지출한다. (텔레비전 방송 비용에서 이러한 큰 차이를 확인할 수 있다. 미국에서의 텔레비전 광고비용은 주요 도시에서 현재 분당 약 1만 달러 정도이다. 2000년도 선거에서 정당, 후보자들은 7억 7천만 달러에서 10억 달러 정도를 여기에 지출하였다. 다른 나라에서는 후보자들이 한정된 방영 시간대에 적은 비용으로, 혹은 무료로 광고를 게재할 수 있다.)[3]

소수의 개인과 단체들만이 이러한 거대 비용의 대부분을 지출한다. 정당 지출액이 약 5억 달러에 이르렀던 2000년도에는 액수의 거의 절반이 소프트머니,* 즉 현행 선거자금 법률의 규제를 받지 않는 돈이었다. 그 돈의 3분의 2(약 3억 달러)가

....

* soft money. 특정 선거의 특정 후보에만 사용될 수 있는 hard money에 반대되는 것으로서 포괄적 당 운영비 형태의 정당기부금을 말한다.

각각 최소 12만 달러를 기부한 800명의 후원자에게서 유입되었다. 이들 후원자 중 435명이 법에서 직접적인 기부를 금하고 있는 기업과 노동조합이었고, 나머지 365명이 개별 시민들이었다. 투표권을 보유한 약 2억 명의 시민들 중 99퍼센트의 후원액은 200달러 미만이었고, 96퍼센트는 아예 기부를 하지 않았다.[4]

결론은, 선거자금 법률의 맥락에서 볼 때 오직 거액을 제공하는 소수만이 선출된 대표에게 특별한 접근 권한을 가지며 영향력을 행사할 수 있다거나, 적어도 지나치게 영향력 있는 것처럼 보일 수 있는 것이 우려스럽다는 점이다. 그 예로, 한 연구에 의하면 미국인의 55퍼센트는 워싱턴 정가의 정책 결정에 거액 기부자들이 "상당한" 영향을 가할 수 있다고 믿는 반면, 그렇지 않다고 믿는 사람은 1퍼센트에도 미치지 못한다고 한다. 특히 값비싼 텔레비전 광고비용 조달을 위해 거액의 기부가 이루어짐으로써 개인 소액 기부의 필요성이 불식되거나, 그러한 의미에서 아예 소액기부 자체가 무력화될 우려가 있다. 어느 쪽이든 간에 대중은 정치 시스템에 대한 신뢰를 잃고 정치 참여에 소극적 태도를 가지게 될 수 있다. 의회가 지금까지 선거 기부금 규모를 규제하려 하였던 중요한 이유가 바로 여기에 있다.[5]

1976년 연방대법원은 연방의회가 처음으로 선거 기부

금 규제를 시도했던 법률의 합헌성을 심사한 적이 있고, 2003년 우리는 규제받지 않는 소프트머니 형태의 기부를 연방의회가 법률상 허점으로 파악하여 수정하려 하였던 좀 더 최근의 법률에 대하여 검토하였다. 이에 관한 기본적 헌법 문제는 입법의 정당성과 타당성에 관한 것이 아니라, 수정헌법 제1조가 개인들이나 조직, 혹은 정당이 선거에 기부할 수 있도록 허용하고 있는지 여부, 그리고 어떠한 방식으로, 어느 정도까지 허용하는가에 관한 것이다. 여기서도 헌법의 민주적 목표에 의존하는 판단에 대하여 접근하는 방식을 개괄해 볼 수 있다.[6]

문언적(文言的) 측면에서, 역사적 측면에서, 혹은 전통의 측면에서 위와 같은 헌법 문제의 답을 찾기란 쉽지 않다. 수정헌법 제1조는 의회가 "표현의 자유"를 침해할 수 없다고 말한다. 그러나 그 "표현의 자유"가 무엇인지는 상세히 정의하고 있지 않다. 건국의 아버지들은 선거 기부금에 관하여 직접적으로 말한 바가 없다. 당파주의를 신랄히 비판했던 매디슨은, "선거인들"이 "빈민층"이 아니었던 것처럼 "부유층"도 아니었기 때문에 연방의회 구성원이 모든 유권자들을 공평하게 대표할 것이라고 생각하였다. 그러나 이런 종류의 생각은 선거 비용 개혁의 명분을 제공하는 데 일정 부분 도움을 주기도 하지만, 결정적인 것이 될 수는 없다.[7]

또한 순전히 개념적인 주장만으로도 답을 찾을 수 없다.

예를 들어, 어떤 이들은 "돈이 곧 표현이다(money is speech)" 라고 주장한다. 다른 이들은 "돈은 표현이 아니다"라고 말한다. 하지만 어느 쪽도 도움이 되지 않는다. 돈은 표현이 아니고, 돈일 뿐이다. 그러나 돈의 지출로 특히 정치적 맥락에서의 표현을 통해 의사를 주고받을 수 있으며, 그러한 지출은 보통 의사 교환에 필수적인 사항이다. 의사소통을 위한 비용 지출을 금하는 법률은 의사 자체를 사실상 억압할 수 있는 것이다.

선거운동 기부에 한도를 부과함으로써 더 많은 후원을 원하는 이들의 정치적 "표현 기회"를 차단한다고 주장하는 것 또한 문제를 해결해 주지 못한다. 사실 이것이 맞는 말이기는 하다. 그러나 문제는 그러한 제한이 개별 상황 속에서 "표현의 자유"에 대한 침해로서 금지되는지 여부이다. 기부금 한도가 초래하는 해악이 어떤 상황에서도 정당화될 수 없다고 주장하는 것은 전적으로 헌법적 결론을 진술하는 것일 뿐이며, 그 근본 원인을 설명하는 것이 아니다.[8]

그러나 우리가 눈앞의 가리개를 걷고 민주주의라는 헌법의 일반 목표에 관심을 더한다면, 해결책에 다다르기는 쉬워질 것이다. 수정헌법 제1조를 실질적 영역에서 역동적 자유, 즉 "참여적 자기통치"의 보호노력으로 이해한다는 것은, 그것을 개인의 근대적 자유에 대한 상위개념의 보호로 이해하는 것이다. 아울러 수정헌법 제1조를, 일반 시민들 사이에서 선거 과정 중 정보 제공이 충분히 이루어진 상태에서의 참여를 더욱 독려하도록 전환하기 위한 노력으로 이해하는 것이기도 하다. 그것은 집단이 아닌 개인의 의사결정을 위하여 헌법이 전념하는 문제들에 관한 정보의 정부 규제로부터 개인을 보호하는 차원을 훨씬 상회하는 헌법적 목적을 제시하는 것이다. 시민들이 스스로 "민주국가에서 통치의 근본 바탕이 되는 공론"을 형성하기 위하여 필요한 조건인, 정보와 생각의 교환 진작을 위한 노력으로 수정헌법 제1조를 이해하는 것이다. 이러한 방법으로 수정헌법 제1조는 콩스탕의 표현처럼 "모든 시민들이 예외 없이" 참여하도록 개방된 정부 형태를 유지하는 데 도움이 되는 것이다.[9]

선거법 또한 유사한 목표를 추구하고 있기 때문에, 수정헌법 제1조가 헌법의 민주적 목표와 맺는 관련성에 초점을 맞추는 것은 유익하다. 선거법은 선거 절차에서 돈에 기인하는 영향을 민주화하려는 의도를 지니고 있다. 그리하여 선거 과정에 공적 신뢰를 형성하고 후보자가 의미 있는 재정 지원을 확보할 기초를 확립하며, 더 큰 공적 참여를 유도하는 것이다. 이 모든 과정을 통해 궁극적으로 양자는 정치 과정, 즉 정치적 표현이 정부 활동으로 옮겨지는 절차의 정합성을 유지하려 한다. 이러한 목표를 달성하는 한에서 선거법은 그 한계에도 불구하고 수정헌법 제1조가 그 목적으로서 혹은 정상적인 민주주의를 달성하기 위한 수단으로서 추구하는 개방된 공적 정치 토론을 진작하는 데 일조하게 된다.

수정헌법 제1조가 역동적 자유를 보호한다는 점을 강조한다고 해서 저절로 선거자금법을 합헌으로 보게 되는 것은 아니다. 오히려 이는 수정헌법 제1조가 추구하려는 바를 포함하는 몇 가지 기본적인 민주적 목표가 헌법 방정식의 양쪽 모두에 놓여 있음을 인정하려는 것이다. 역동적 자유의 견지에서 조명해 보면, 그들 목표는 곧 민주적 대화를 증진하는 일이다. 내 생각으로는, 이 법을 자동적으로 위헌 선언할 만큼의 강력한 표현의 자유 주장을 연방대법원이 그간 받아들이지 않았던 이유가 여기에 있는 것 같다. 오히려 연방대법원은 "엄격심사"를 판단 기준으로 받아들이기를 일관되게 거부하였으며, 대신 연방대법원 스스로 "고양된" 심사라 명명하였던 기준을 적용하면서 선거자금법을 "면밀히" 검토하였다. 그러는 동안에도 연방대법원은 거액 선거운동 기부금의 영향력이 "선거 절차에서 공공의 신뢰를 좀먹는다"는 사실을 강조하였다. 또한 "절차의 온전함을 보장하기 위한 목적으로" 기부 한도를 정하였다는 사실을 드러내었다. 결론적으로, 기부에 한도를 정해둔 것이 "공공의 정치 토론 참여에 실질적 도움을 주었으며, 이런 이유로 흔히 '엄격심사'라는 말에 동반하는 것으로 여겨지는, 합헌성에 대한 강한 부정의 가설이 발붙일 수 없는 것이다." 이러한 주장 속에서 법원은 거래에 대한 규제가 때로 경쟁을 제한하기보다 촉진한다는 이유로 합법성을 획득하는 것처럼, 표현에 대한 규제 또한 그것이 정치적 표현에 대한 것이라 할지라도 합리적이고 그리하여 합법적일 수 있다는 사실을 인정한다. 결과적으로 그동안 연방대법원은 선거자금법의 부정적 효과와 긍정적 효과를 현실적으로 모두 고려하였다. 전자는 선거운동 과정에서 더 많은 의사전달을 원하는 부유층 시민들에게 주로 해당되는 것이고, 후자는 선거 전반에 걸친 대중의 신뢰와 소통 능력에 미치는 영향이다. 그리고 연방대법원은 내가 비례 원칙의 일종이라 명명하고자 하는 헌법 기준을 적용해 왔다. 그 법률이 선거 과정에서 표현을 억제하는 결과와 표현을 증진하는 결과 사이에서 합리적 균형을 유지하고 있는가? 혹은 그러한 법률이 균형에 맞지 않는 표현(선거의 활성화와 표현의 자유 측면에서 허용하였을 때 얻을 수 있는 이익의 종류, 중요성, 정도 및 이익 확보를 위한 구제 필요성을 모두 고려하여 이들 이익에 반하는 표현)을 규제하고 있는가?[10]

위와 같은 질문에 답하기 위해서 법원이 내가 앞서 언급한 사법적 겸양의 태도를 완전히 포기할 필요는 없다. 법원은 의회가 비교적 전문성을 보유하고 있는 문제(특별히 경험적인 문제), 예를 들어 선거자금의 정도 문제와 같이 정치 생활의 현실에 직접적으로 관련된 문제 등을 판단하는 경우에는 의회의 결정을 존중할 수 있다. 그러나 법원은 개혁 입법이 참여적 자기통치라는 목표 자체를 좌절시킬 위험이 있다고 판단하는 경우 그 존중의 미덕을 발휘하지 말아야 한다. 예를 들어 법에 의해 기부 한도가 매우 낮게 책정되어, 현직 후보자가 평판에 기대거나 언론기관을 이용하여 자신이 직면한 도전을 차단함으로써 이득을 얻게 되는 경우가 바로 이러한 위험이 실재하는 때이다.[11]

헌법의 민주적 목표에 관심을 둔다고 해서 선거자금법이 제기하는 어려운 질문에 쉽사리 해답을 제공할 수 있는 것은 아니다. 그러나 그러한 관심은 역동적 자유를 증진하여야 한다는 수정헌법 제1조의 역할을 선명히 밝히고, 그 문제를 포함하여 끊임없이 제기되는 여타 문제에 적절한 접근 방법을 제시한다. 결국 그러한 관심을 통해 연방대법원은 헌법 자체의 문언과 체계에 충실한 답을 제시할 수 있고 헌법을 일관된 전체로서 읽어낼 수 있는 것이다. 그러면서 법원은 겸양의 미덕을 발휘하여 입법부에 대한 존중의 의무를 행할 때와 방법을 구체화한다.

이에 대한 연구는 꽤 복잡하다. 하지만 그간 미국 혹은 외국 법원은 선거 법률의 헌법 타당성 문제가 쟁점이 되었을 때 이와 비슷하게 복잡한 탐구에 천착하였다. 그 복잡성은 의회에 공정한 선거제도를 만들고 운영할 권한을 부여하고 법원 판사들에게 수정헌법 제1조에 관한 의회 결정의 심사를 맡겼던 헌법 스스로가 요구한 결과이다.

헌법의 "참여적 자기통치" 목표로 관심을 돌리게 되면 수정헌법 제1조의 다른 문제들, 예를 들어 광고와 같은 상업적 표현의 문제에서도 해답을 얻을 수 있다. 수정헌법 제1조는 정부 규제로부터 이러한 표현을 어느 정도만큼 지켜주는가?

최근의 몇몇 판결에서 이러한 문제를 다룬 바 있다. 그중 하나가 캘리포니아 주 법에 대한 연방대법원 심사*였다. 해외에서 행하였던 처신사나운 영업활동에 대하여 자신들의 책임이 없다는 광고를 함으로써 잠재 소비자들에게 기업 이미지를 인식시킨 회사를 상대로, 일반인 누구나 주법에 근거하여 "기만적 영업활동"을 원인으로 한 소송을 제기할 수 있다는 해석

....

* 1996년 뉴욕타임스는 칼럼을 통해 나이키 해외 사업장의 노동 조건과 관행이 심각하게 열악함을 고발하였다. 이에 나이키가 고발 내용을 부인하는 편지를 신문사 편집인, 대학 체육 담당자와 대학 신문사, 여타 관계자들에게 고루 배포하였는데, 샌프란시스코의 소비자운동가인 마크 카스키(Marc Kasky)가 이러한 나이키의 행위를 "거짓광고(false advertisement)"라는 이유로 캘리포니아 주 불공정경쟁법(Unfair Competition Law)에 근거하여 주 법원에 제소하였다. 재판에서 쟁점은, 나이키의 광고 행위가 수정헌법 제1조에 의하여 보호되는 정치적 표현인가라는 점이었다. 주 지방법원과 항소법원에서는 이를 수용하였지만, 주 대법원에서는 나이키의 광고를 정치적 표현이 아닌 상업적 표현으로 받아들였다. *Nike v. Kasky*, 539 U.S. 654(2003).
–옮긴이

이 당시에 일반적으로 통용되고 있었다. 캘리포니아 법원은 법의 합헌성을 인정하였지만 연방대법원은 결국 절차상의 이유를 들어 사건을 각하하였다.[12]

이와 다른 판결*에서, 연방대법원은 약사들의 개별적 "조제약(compound drugs)" 판매 광고를 금지한 법률을 위헌 선언하였다. 개별적 조제약이란 특정 약에 대한 알레르기 반응 등이 있는 특이 체질 환자들을 위하여 약사들이 혼합하는 처방약(prescription drug)을 말한다. 이 결정의 이유는 대중의 현명한 판단을 위한 정보를 입법 조치로 규제하려는 움직임을 수정헌법 제1조가 허용하지 않기 때문이었다. 연방대법원이 약사법을 바로 그러한 조치로 보았던 것이다.[13]

두 사건에서 나는 모두 반대의견을 피력하였다. 첫 번째

....

* 일찍부터 의약 분업이 자리 잡은 미국에서는 약사들이 의사의 처방에 따라 약을 판매해야 한다. 그런데 특정 환자에 대해서는, 처방에 대하여 특별하게 고안된 약을 제공하기 위하여 성분을 조합하여 판매하는 데 이를 조제약이라 부른다. 대체로 특정 약에 알레르기 반응을 보이는 특이 체질을 가진 환자들을 위하여 사용하는 경우가 많다. 특이한 점은 이러한 조제약에 대하여서는 FDA의 의약품 승인 절차를 거치지 않아도 된다는 것인데, 이 때문에 남용 위험을 피하기 위하여 약사들의 대규모 개별적 조제약 제조 광고를 금지하는 약사법이 제정되었다. 이에 개별적 조제약을 주로 만드는 일군의 약사들에 의하여 제기된 이 판결에서 연방대법원은, 입법을 통하여 대중의 현명한 판단을 위한 정보를 규제하려는 것은 수정헌법 제1조의 자유를 훼손한다는 점을 들어 해당 약사법을 위헌으로 판결하였다. *Thompson v. Western States Medical Center*, 535 U.S. 357(2002).-옮긴이

사건에서의 사업 활동에 관한 표현은 무엇보다도 정치적인 성격의 것이어서 규제 대상이 되지 않는다고 판단하였다. 반대로 두 번째 사건에서 약사의 표현은 상업적인 성격의 것이어서 규제 대상이 된다고 생각하였다. 만일 연방대법원이 수정헌법 제1조의 분명한 특징이 형성되고 적용되는 배후의 동력으로 역동적 자유를 발견할 수 있었더라면 이들 사건의 결과는 달리 나왔을 것이다.[14]

전자의 사업 활동 사안에서 사업자인 나이키(Nike)는 신문사나 인권단체, 노동조합이 제기하는 비인간적 사업장 환경 조성과 해외에서의 영업 악습 등의 혐의에 대하여 스스로 변호하기 위해 노력하였다. 나이키는 이들 주장을 부인하는 문서를 제작하여 신문사, 대학 체육담당 주임들과 기타 관계인들에게 보냈다. 캘리포니아 주 대법원은 나이키의 부인이 거짓이라는 근거로, 첫째, 원심이 나이키의 거짓 광고 배포를 이유로 한 일반 시민의 고소를 받아들였다는 점, 둘째, 수정헌법 제1조가 고소인의 주장에 비하여 나이키를 특별히 강하게 보호해 주어야 할 이유가 없다는 점을 제시하였다. 연방대법원은 애초에 캘리포니아 주 대법원의 결정이 옳았는지를 판단하겠다고 결정하였으나, 소송 절차의 몇몇 난점 때문에 결국 결정 없이 소를 각하하였다. 나는 절차 문제에 관한 다수의견의 결론에 동의하지 않았는데, 나라면 나이키의 대응에 대한 강

력한 표현의 자유 보호를 거부한 캘리포니아 주 대법원에 사건을 되돌려 보냈을 것이다.[15]

후자의 약사 판결에서, 연방의회는 약사들의 특수 조제약이 아직 시험을 거치지 않았다는 이유로 그 광고를 금지하였다. 의사들도 그러한 약이 있다는 사실을 알았을 것이고, 필요하면 그러한 약을 처방할 수도 있었다. 그러나 일단 광고가 허용되면 환자들의 강한 수요가 예상되었고, 필요한 환자가 아닌 단지 편의를 추구하는 환자들에게도 시험을 거치지 않은 기존 조제약을 처방하도록 의사들을 유도할 가능성도 있었다. 처방은 허용하지만 광고는 금하였던 약사법은 조제약에 대한 환자들의 특별한 필요와, 개별화·특수화된 조제약이 아직 일반 안전시험 요건을 충족하지 못하였다는 사실로부터 발생하는 특별한 위험 사이에서 절충점을 찾는 차원의 것이었다.[16]

다수의견은 이 법이 "이미 존재하는 조제약에 관하여 진실한 정보를 사람들이 들었을 때 잘못된 결정을 내릴 수도 있다"는 "두려움"을 반영한 것으로 보았고, 후차적으로 발생하는 안전 위험 때문에 이러한 법을 정당화할 수는 없다고 판단하였다. 그러나 "표현은 표현일 뿐" 논쟁에서 내가 피력하였던 바로 그 이유 때문에, 나는 정보 제공이라는 표현의 보편적 기능이 스스로 강력한 반(反) 규제적 추정을 정당화하기에 충분하지 않다는 점을 지적하였다. 그리고 만약 그러한 추정이 성립하지 않았더라면, 이미 예삿일이 되어 버린 처방약 광고, "소비자에게 직접 호소하는 광고가 있으면 의사들로 하여금 평소라면 쉽게 처방하지 않았을 약을 처방할 수밖에 없도록 압력이 가해질 것"이라는 의학적 믿음, 그리고 시험을 거치지 않은 약에 존재하는 적지만 확실한 안전상 위험 등을 바탕으로, "정보 규제"를 의도하는 당해 법률이 정당화되었을 것이다.[17]

민주적 자기통치 구현을 최우선의 목표로 하는 수정헌법 제1조의 관점에서 양 사안의 법원 판결은 후퇴로 보인다. 나이키는 자사 노동관행에 대한 비판에 직접적으로 대응하였다. 그 비판은 공적 집단행동을 옹호하느냐 반대하느냐에 관한 중대한 공적 논의 한복판에 자리 잡은 것이었다. 나이키의 표현행위는 공적 여론 형성을 목표로 하였으며, 이는 반대의견 표현에 대한 관대한 법적 기준에 의하여 이루어질 수 있었다. 만일 "거짓광고" 소송이 진행된다면 나이키(혹은 다른 잠재적 표현 행위자들)는 합리적 주의(reasonable caution) 혹은 과도한 주의(excess of caution)의 발로에서 법의 헌법적 요청 사항을 넘어설 정도로 중대한 자신의 표현까지 스스로 검열하게 될 수 있다. 이보다 더한 수정헌법 제1조의 기본 관심이 무엇이겠는가?

반대로 약사들의 표현행위는 이러한 민주적 목표와 직접적으로 관련되지 않았다. 약사들은 가격 광고를 실시하였으나, 이는 조제약의 상대적 장점에 관한 공적 토론에 기여할 수 있는 것이 아니었고, 선해(善解)하더라도 환자들이 의사에게 처방해 달라고 요구할 수 있는 약을 개인적으로 결정하는 데 도움이 될 정보를 제공해 주는 정도의 것이었다. 그러나 이러한 목표가 중요한 것이기는 하지만, 공중 보건과 안전에 관한 전통적 규제의 타당성이 인정되는 표현에 대하여, 그 규제 법률을 무력화할 정도로 중대하지는 않다. 수정헌법 제1조의 심사기준에 반대되는 견해로는 민주적으로 결정되는 경제적 규제 구조의 작동을 촉진하지 못한다. 실제로 규제를 방해하기까지 한다. 그러한 견해는 공동체가 민주적으로 중요한 문제라고 규정한 목표를 대중들이 달성하지 못하게 함으로써 의회의 규제 권한을 제약한다.

그렇다고 해서 수정헌법 제1조에 의해 의회가 상업적 표현 규제나 경제적 규제와 관련된 법을 원하는 대로 모두 제정할 수 있다는 뜻은 아니다. 정부 규제로부터의 개인 자유를 의미하는 전통적, 근대적 자유 개념은 여전히 중요하다. 개인은 그들의 삶에 관한 자유로운 결정을 위하여 정보가 필요하다. 그리고 구체적 맥락과는 상관없이, 특정한 상황에서 표현에 영향을 미치는 특정 규칙은 개인들로 하여금 양심에 반하는 행동을 하도록 하고, 공적 토론을 가로막으며, 예술적 표현을 위협하고, 특정 계획의 기본 목표와 무관한 방법으로 의견을 검열하며, 혹은 또 다른 남용의 위험을 생산해 내기도 한다. 이러한 가능성 자체로부터 법원이 각기 다른 표현의 맥락에서 적용 가능한 다른 추정을 창출해 내는 데 기초가 될 단초가 제공된다. 혹여 그러한 추정이 없는 상황에서도 법원은 위험 가능성이 발생할 개개의 경우를 염두에 두고 심판을 진행한다.

수정헌법 제1조의 전제를 적용하는 데 있어, 우리는 그 분야와 맥락, 그리고 표현의 형태를 모두 구별하여야 한다는 것이 내 주장의 요점이다. 헌법의 기본 목표에 의존한다면 그 구별을 쉽게 해낼 수 있을 것이다. 그리고 다시 최소한의 일반적 목표, 즉 역동적 자유에 의지한다면 적절한 구별뿐만 아니라 그 구별의 합당한 적용에까지 도움을 받을 수 있을 것이다. 역동적 자유에 의존함으로써, 선거 비용, 제품과 작업장 안전 등 근대적 규율이 문제되는 지점에서 법을 통하여 대응할 수 있으며, 우리 민주적 정부 형태의 바탕이 되는 표현을 보호할 수 있다.

연방주의

이번에는 연방주의에 초점을 맞춘 판례, 그리고 근대 정부의 두 가지 일반적 문제와 연방주의와의 관계에 대한 최근 판례를 살펴본다. 근대 정부의 일반적 문제란, 첫째로 고도의 전문성이 본질인 정부의 수많은 결정과 민주적 의사결정을 우리가 어떻게 조화시킬 수 있느냐는 것이고, 둘째로 어느 정도 수준의 정부가 의사결정을 위한 최적 형태인가 하는 점이다. 이들 질문에 내가 보편적인 답을 제공할 수는 없다. 하지만 자유와 연계된 헌법 목표에 분명하게 주목함으로써, 삼권이 함께 더 좋은 해답에 도달할 수 있도록 사법적 결정이 도움을 줄 수 있다는 점은 제시할 수 있다.

어떤 의미에서는, 헌법이 취하는 연방주의 구조 덕분에

근대적 자유가 더 잘 보장될 수 있다. 연방과 주 정부 간에는 권력이 분립되어 있기 때문에 연방 정부가 주 정부와 지방 정부에게 의무를 부과하기란 쉽지 않다. 이에 따라 시민들은 상대적으로 멀리 있는 중앙 정부의 제약으로부터 자유로울 수 있게 된다. 그러나 동일한 제약이 주 정부로부터 시민들에게 직접 부과될 수도 있다. 따라서 지방자치적 의사결정 과정을 더욱 보장함으로써 시민의 정부활동 참여에 의미 있는 기회를 제공하는 것처럼, 역동적 자유를 위한 더욱 효과적인 보장 형태로 연방주의 구조를 이해하는 것이 좀 더 자연스러울 것이다.

내 동료 오코너(Sandra Day O'Connor) 대법관이 이러한 연관관계를 설명한 적이 있다. 주와 지방 정부에 폭넓은 의사결정 권한을 부여함으로써, 연방주의 원리에서는 지역적 상황을 잘 이해한 결정이 내려질 수 있고, 지역 주민들 사이에서는 목표와 소속감이 공유된다는 관념이 싹틀 수 있으며, 궁극적으로 "새로운 사회적·경제적 실험"이 가능하게 된다. 즉, 투명성 제고의 방법으로 시민들이 정부 관료의 책임을 손쉽게 물을 수 있는 것이다. 그리고 정부를 가정과 가까이 둠으로써 지역 공동체라는 관념을 유지할 수 있도록 도와준다. 이들 모든 방법을 통해서 콩스탕이 그렸던 고전적 자유, 즉 정부 의사결정 과정에 시민이 참여하는 것이 가능하고 촉진될 수 있다.[1]

오늘날 이러한 참여 원리는 순수하게 지역 차원에서만의

결정, 혹은 순수하게 연방 차원에서만의 결정을 용납하지 않는 사회 문제들을 배경으로 수행되어야 한다. 그러한 문제들은 고도로 복잡한 기술 기반 구조 속에서 발생한다. 오히려 이 문제들은 앞서 내가 설명하였던 자유를 존중하면서도 효율적인 행정을 달성하기 위하여 연방과 주 사이의 협력을 요하는 것이다.

유독성 화학물질에 대한 규제를 생각해 보자. 어떤 규제는 전국적 차원에서 이루어져야 한다. 흔히 화학물질은 공기와 물, 흙을 타고 움직이면서 한 개 주 이상에 걸쳐 환경에 영향을 주게 된다. 화학물질 규제는 연방 차원에서 좀 더 얻기 쉬운 과학적·기술적 전문지식을 요한다. 연방 차원의 규제는 그 전국적 규모 덕분에, 안전을 위협하는 요소에 관해 간결하고 통일적인 언어를 사용함으로써 화학 위험에 대한 전 국민의 이해를 진작할 수 있다. 또한 오로지 연방 규제주체만이 산업에 대한 투자를 끌어오고 싶어 하는 주들 사이에서 벌어지는 경쟁을 철저히 방지할 수 있는 최소한의 실질적 기준을 제시할 수 있다.

그러나 문제의 어떤 측면들은 주나 지방 차원에서 더 잘 통제될 수도 있다. 공기나 물, 흙 속에 있는 비슷한 양의 비슷한 화학성분이 지역 조건에 따라 다른 독성 효과를 발휘할 수도 있다. 비슷한 배기가스 기준이 서로 다른 공동체에서 다른 경제 조건에 따라 서로 다른 경제 효과를 나타낼 수 있다. 그리고 서로 다른 공동체들은 비슷한 정화(위험 감소) 비용과 편익에 대하여 다른 비중을 둘 수도 있다. 이러한 차이는 서로 다른 지역의 공동체 주민들이 똑같은 근본적 문제, 즉 우리 지역 폐기장은 얼마나 깨끗해야 하는지, 그리고 얼마의 비용을 지불해야 하는지 등의 문제에 서로 다른 답을 제시할 수 있음을 시사한다.

"협력적 연방주의(cooperative federalism)" 개념은 이러한 필요를 감안한 규범적 해답을 제시하고자 하는 노력이다. 연방 기관은 이제 더 이상 고전적인 명령-통제식 규율에 전적으로 의존할 수 없다. 이런 식의 규율은 특별세와 권리의 거래가능성* 등, 보다 덜 규제적이면서도 풍부한 인센티브에 기초한 여러 가지 방법으로 대체되고 있다. 연방 행정기관은 자신의 의지를 일방적으로 행사하지 않고서도 주와 지방에 필요한 전문 기술을 생산해 낼 수 있다. 또한 사실 혹은 가치에 관하여 지역에 기초한 문제에서 공통 관심사 문제, 특히 전문 기술을 요하는 문제 등을 구별하도록 조언한다. 이러한 접근은 지방 정부에 더 큰 의사결정 권한을 부여한다는 것을 의미한다. 즉 개인들의 손에 더 큰 권한을 부여하고, 이 과정에서 연방주

....

* marketable rights. 주로 오염물질 배출권 등에 대하여 정부가 그 총량을 확정한 뒤 개인에게 배분하고 개인이 그 권리를 사고팔 수 있도록 하는 제도. 전체 오염 배출량을 감소시키는 효과가 있다. – 옮긴이

의 원리에 담겨진 역동적 자유와 근대적 자유 양자에 대한 관심을 실현하는 것이다.

최근 연방대법원의 연방주의 판결에서는 이러한 사항이 얼마만큼 고려되었을까? 앞서 정의된 좁은 의미의 근대적 자유를 어느 정도 보호하려는 의도는 개개 판결에서 발견할 수 있다. 즉, 개인과 기업 활동을 통제할 수 있는 연방 정부의 능력을 법원 판결로 제한하는 것이다. 그러나 역동적 자유의 실현 관점에서 볼 때, 이들 판결로부터 시대에 역행하는 모습 또한 종종 발견할 수 있었다. 앞서 언급하였던 상호 협력이나 인센티브 기반 규율 등의 실행 노력이 좌절되었던 것이다. 즉, 역설적이게도 연방대법원 판결들은 규율 활동을 주와 지방으로부터 연방 차원으로 이전하는 데 예기치 않은 위협이 되었다. 이는 이들 판결이 목표하였던 바와 반대되는 결과이다.

먼저 연방의회가 주 입법부와 행정부 관리들을 함부로 "징발할" 수 있도록 하는 입법을 금지하는 차원에서 연방주의를 이해하였던 연방대법원의 몇몇 판례를 검토해 보자. 이에 따르면 연방의회가 주 의회에, 예를 들어 핵폐기물 처리장에 관한 법과 같은 특정한 법률을 제정하도록 요구하지 못한다.* 또한 지방 관리에게 연방 정책 집행을 위해 시간을 들이도록 강제하는 법률, 예를 들면 지방 치안 담당관이 잠재적 총기 구매자의 전과 여부를 조사할 것을 요구하는 법률도 제정하지 못한다.** 헌법의 연방주의 요건에 관한 이러한 해석으로 인하여, 연방의회는 지방 관리들이 최소한의 연방기준에 부합하는

....

* 1985년 저준위 방사성폐기물 관리법(Low-Level Radioactive Waste Management Act)에 의하면 주는 단독으로 혹은 다른 주와 연합하여 그 경계 내 방사성 폐기물을 처리할 의무가 있었다. 뉴욕 주, 알레가니(Allegany) 카운티, 코틀랜드(Cortland) 카운티는 거주민과 폐기물 지정지의 반발로 인하여 법 규정의 이행이 좌절되고 다른 주와의 협력 또한 할 수 없게 되었다. 이에 뉴욕 주는 연방정부를 상대로 소를 제기하였는데, 주의 폐기물 관리 권한을 연방의회가 연방법을 통해 규율할 수 없다는 것이 주장의 내용이었다.

연방대법원은 연방헌법 상거래조항을 근거로 연방의회가 재정적 인센티브를 이용하여 규율할 권한을 가지고 있다며 문제가 된 세 조항 중 두 개에 대해 합헌 결정을 내렸으나, 주가 저준위 폐기물에 대한 법적 소유권과 책임을 반드시 부담하여야 한다는 권원 획득 요건을 법정화하도록 규정한 조항에 대해서는 위헌 결정을 내렸다. 연방법률이 연방 규율 집행을 목적으로 주 정부를 징발하는 것은 연방과 주의 권력을 분할한 헌법 정신(수정헌법 제10조)에 부합하지 않는다는 것이다. *New York v. United States*, 505 U.S. 144(1992).

** 일명 브래디 법안으로 불리는 권총 폭력 예방법(Brady Handgun Violence Prevention Act)에 의하면 연방 법무장관이 합당한 시스템을 구축할 때까지 지역의 최고 법집행담당관에게 권총 구입 희망자의 신상을 조회할 의무를 부여하고 있었다. 카운티 치안 담당관(sheriff)인 프린츠는 이러한 경과규정이 헌법에 어긋난다는 이유로 몬태나 주의 모든 담당관들을 대표하여 소송을 제기하였다. 연방 1심법원에서는 브래디 법안의 이러한 신상조회 의무규정이 헌법에 위반되나 자발적 신상조회는 문제가 없다고 보았다. 항소법원에서는 다시 조항 전부를 합헌으로 되돌렸으나, 연방대법원은 주 의회가 연방정부의 지시에 반드시 구속되어야 하는 기관이 아니라는 원칙을 들어 위헌 결정하였다. 연방헌법 상거래조항에 의할 때 연방의회는 연방정부에게 직접 활동을 명하는 법률을 제정할 수 있으나, 주 의회에게는 설령 연방헌법 제1조의 필요·적절한 조항(Necessary and Proper Clause) 제정 권한을 원용하더라도 이러한 신상조회를 명할 근거를 마련할 수 없다는 것이다. *Printz v. United States*, 521 U.S. 989(1997).–옮긴이

행동을 하도록 강제할 수 없다. 따라서 연방의회는 문제점이 발견된 프로그램을 완전히 포기하든지, 보다 현실성 있게는, 프로그램과 관련된 연방 집행 관료체제의 규모를 확대할 수밖에 없다. 다른 조건들이 평등한 상태에서 관료주의적 경향이 일반화되는 상황을 고려할 때, 이러한 현실로 인하여 연방 정부의 규율 권한을 주나 지방 정부로 이전하는 것은 쉬워지지 않고 오히려 더 어려워진다. 그리고 인센티브에 기초한 규율 방법에 의한 실험 또한 어렵게 된다.[2]

스티븐스(John Paul Stevens) 대법관이 이 문제를 설명한 적이 있다. 2001년 9·11 테러 이전, 예지력을 발휘하여 작성하였던 한 판결의 반대의견에서 그는 "국제 테러리스트의 위협에는 연방 요원을 배치하기 이전에 국가 차원의 대응 태세가 요구된다. 이러한 대응을 위하여 주 관리를 동원하지 못하도록 하는 것이 과연 헌법 어느 부분에 규정되어 있는가?"라고 언술했다. 주 정부 관리들에 대한 동원의 자유야말로 국가 안보뿐만 아니라 협력적 연방주의까지 더 심화시킬 수 있지 않을까?[3]

다음으로 연방헌법 상거래조항(Commerce Clause)*과 수

....

* 미국은 연방주의 국가이다. 연방주의의 핵심은 연방 문제로 인정되는 것이 아닌 한, 주의 문제에 연방이 관여할 수 없다는 것이다. 가혹한 식민통치를 경험하였던 13개 식민지들이 영국과 같은 중앙집권적 정치구조를 근원적으로 불신하였던 데에, 이 특

정헌법 제14조에 의거하여, 일반 시민으로부터의 피소 면제를 규정한 수정헌법 제11조상의 주 권한을 연방의회가 포기시킬 수 있는데도 이 권한을 심각하게 제약하는 다른 몇몇 연방대법원 판결을 살펴보라. 판결 결과만을 놓고 판단해 본다면 이로 인하여 어떻게 협력적 연방주의가 심화되었는지 확인하기가 어렵다. 반대로 그러한 판결 때문에 연방의회는, 예를 들어 주의 지적재산권 불법 사용으로 발생한 손해를 배상받기 위해 일반 시민이 민사소송을 제기하는 것과 같이, 전국적 범위에 걸친 문제를 규율하기 위하여 입법을 통한 통일된 구제책을 수립하기가 매우 어려워진다. 눈에 잘 띄지는 않지만 역시 중요한 문제로서, 이들 판결 때문에 연방의회는 일정 형태의 "덜 제약적인(less restrictive)" 규율, 즉 주나 지방, 혹은 개인적 문제에 관하여 연방 정부의 간섭이 축소된 형태의 규율을 채택할 수가 없다.[4]

예를 들어 연방의 규제적 관료체제 확산을 꺼리는 연방

....

이한 제도의 기원이 있다. 그러나 미국 헌법은 연방이 반드시 관여할 수밖에 없는 영역에 연방의회의 권한을 인정하고 있다. 그중 하나를 규정한 것이 바로 연방헌법 제1조의 내용인 상거래조항이다. 이 조항에 근거하여 연방의회는 외국과의 통상, 주 상호 간의 상거래를 규제할 수 있는 권한을 가진다. 연방대법원은 주 간 상거래에 영향을 줄 수 있다는 이유로 주 내부의 정책을 무효화하기도 한다. 주 간 상거래를 규제할 수 있는 권한은 주 정부가 아니라 오직 연방의회에게만 주어지기 때문이다. – 옮긴이 의회가, 주 기관 또는 민간 기관으로 하여금 반드시 유독 폐기물 처리 법률에 따라 행동하도록 강제하는 하나의 방편으로 시민소송(citizen suit)을 고려하는 방안을 생각해 보라. 연방의회가 특정 환경보호 목표를 달성하고자 주 정부에게 환경세를 부과하도록 명령하고, 시민이 조세 부과에 이의를 제기할 목적에서 혹은 세금을 반환받을 목적에서 주 정부를 상대로 소송을 제기하는 것까지 허용하는 방안을 생각해 보라. 또는 연방의 집행이 행정 절차로서 그 정당성을 가릴 수 있는 부문에서만 이루어진다는 조건에서, 연방 해상법 집행 인원의 감축을 진지하게 의도한 연방의회가 일반 시민으로 하여금 주 항만 당국을 상대로 연방 행정절차법에 의한 이의제기를 할 수 있도록 허용하는 방안을 생각해 보라. 연방대법원의 수정헌법 제11조에 대한 여러 판결은 연방법 집행에서 이렇듯 덜 규제적이고 덜 관료적인 방책의 적용 기회를 배제하여 버렸다. 이는 근대적 자유 개념, 헌법의 역동적 자유 이상과 배치되는 결과이다.[5]

마지막으로, 연방의회의 상거래조항 권한 영역을 축소한 연방대법원 판결을 살펴보기로 하자. 연방대법원은 학교 근처에서 총기를 소지하는 일과 지역 공동체 내에서 벌어지는 여성에 대한 폭력이 연방의회에게 입법의무를 부과할 정도로 주간 상거래에 "영향을 미치는" 것이 아니라고 판단하였다. 이

범주의 판결들은 연방 규율의 완화를 의미한다. 이들은 연방과 주 간의 "인센티브에 기초한" 혹은 "협력적인" 규율 프로그램에 대한 시민의 참여를 직접적으로 방해하지도 않는다. 그러나 이 경우에 대중은 전국적 차원의 입법 절차에 참여한 셈이다. 실제 연방의회는 자신들의 입법 활동을 취소하는 경우에만 청문회를 개최하였다.[6]

더구나, 이들 판결은 복합적 협력 프로그램의 발전을 간접적으로 저해할 수도 있다. 왜냐하면 연방의회가 "주 간 효과(interstate effect)"가 충분히 존재한다고 보았던 증거에 대하여 연방대법원이 스스로 심사하고 재검토한 결과가, 합헌성 판단을 위해 필요한 효과를 결정하는 데 얼마만큼의 확실한 증거가 있어야 하는지를 제시해 주지 않기 때문이다. 예를 들어 소규모의 "비경제적" 개별 활동이 주간 상거래에 미치는 "누적적" 효과를 부인하는 것과 같이, 연방대법원 논증의 어떤 부분에서는 이러한 불확실성이 매우 심화된다. 이렇게 되면 연방의회는 연방, 주, 지방 간의 특정한 "협력적" 규율 구조의 세부 사항을 입법하여도 무방한지를 알 수 없게 된다. 게다가 그것을 빨리 찾아낼 수 있는 방법도 없다. 다른 사항이 동일하다면, 그러한 조건으로 말미암아 연방의회가 협력적 연방주의 원리를 구현할 만한 법률을 제정할 것 같지는 않다.[7]

앞서 기술하였던 여러 결과로부터 연방주의에 관한 연방

대법원의 여러 결정이 틀렸음을 주장하는 것은 아니다. (개인적으로 나는 잘못된 결정이라고 보며, 최근에 와서 이러한 결정이 나오는 속도를 늦추거나 중단하려 하는 몇몇 연방대법원의 판결이 옳다고 생각한다.) 앞서 논의하였던 예에서 다음과 같은 문제가 제기될 수 있다. 어려운 연방주의 문제에 해답을 제시하기 위하여 법원은 왜 법 문언과 선례에서만 논리적 추론을 도출하여야 하는가? 연방주의가 추구하는 역동적 자유에 기초하여 그에 따른 판단 결과에 의존하면 안 되는가? 적어도 헌법의 연방주의 제 원칙, 즉 그 자체로 가장 적합한 종류의 정부 형태를 실현하는 원칙들을 해석하는 판결이 지역의 민주적 자기통치에 미치는 실질적 효과를 고려하면 안 되는가? 헌법의 연방주의 목표의 한 가지 중요한 차원, 즉 역동적 자유의 차원에는 왜 애써 눈을 감아 버리려 하는가?[8]

앞서 등장한 여러 예는 또한 이 영역에서 연방의회와 연방대법원 사이에 더 진전된 "대화"가 이루어질 필요가 있다는 점을 시사해 준다. 잠재적 상거래 조항의 해석을 통한 법관에 의해 만들어진 법으로부터 그러한 대화를 예견할 수 있다. 잠재적 상거래 조항에 의하여 법원은 어떤 주의 규제 법률이 다른 주와의 거래를 불합리하게 방해하고 있는지를 판단하게 된다. 또한 점점 세계화되는 경제 추세와도 밀접하게 관련된 문제인 지역의 경제적 보호주의와, 연방주의의 기초적 원리 간 중요성을 형량해야 한다. 예를 들어 특정 종류의 살충제로 재배한 복숭아 수입을 금지한 주법, 엘리베이터 케이블에 특정 금속만 사용하도록 강제한 주법, 혹은 일광시간 중 다이너마이트 수송 트럭의 주 간(interstate) 운행을 금지한 주법은 각각 주민들을 위험한 살충제로부터 합리적으로 보호하고, 엘리베이터의 하자를 합리적으로 예방하며, 폭발의 위험을 적절히 방지하는 것인가? 아니면 그 주법이 특정 주의 복숭아 재배농가, 제철업자, 그리고 계약자를 다른 주의 경쟁자들로부터 부당하게 보호하는 것인가?[9]

헌법적 "연방주의"에 관한 법 영역에서, 동의하지 않는 법원의 사법판단에 대해 연방의회는 제정법을 통하여 얼마든지 이를 무력화할 수 있다. 연방의회는 심지어 그러한 문제를 판단할 권한을 전문 행정청에 위임할 수도 있다. 예를 들어 연방 교통국은 대중 공청회 절차를 거친 후, 그 판단의 합리성 평가, 즉 사법심사에 운명을 건 수많은 "잠재적 상거래 조항" 문제를 결정할 수 있다. 전문가 의견을 참조하기는 하지만, 이러한 원칙은 선출된 대표자들의 입법 활동을 통하여, 결과적으로는 대중에게 최종 결론을 맡겨 놓은 셈이 된다. 이는 상거래 조항의 목표를 달성하기 위해, 법원으로 하여금 민주적 절차의 결론을 따르도록 함으로써 사법적 겸양을 권장하는 것으로 이해할 수 있다.[10]

연방대법원은 연방주의 담론에서 이와 유사한 의견 교환을 더욱 증진하는 몇 가지 구체적 법 원리 또한 고려할 수 있다. 예를 들어, 엄격심사 요건(hard-look requirement)을 통해서 법원은, 영구 폐지라는 방법에 의존하지 않고 스스로 문제된 법의 해결을 위해 겪어야 했던 헌법적 난점을 정확히 연방의회에 전달하게 될 것이다. 당해 법을 재입법하면서 연방의회는 문제점을 상기하고 연방대법원의 관심사에 답하게 된다. 명확한 입법의 원칙(clear statement rule)에 의하여 연방대법원은 연방의회에 정확한 윤곽으로 짜여진, 그리고 주어진 정책의 해결에 도달할 수 있도록 하는 혼동 없는 표현을 사용해 줄 것을 요청할 수 있다. 이러한 원리를 통해 연방대법원은 특정 문제에 대한 입법이 철두철미하게 이루어졌는지에 집중할 수 있으며, 이에 따라 대중의 참여와 명확한 결론 도출을 독려하고 명료성과 그에 따른 책임성을 고취하게 된다. 그 명칭(엄격심사, 명확한 입법)이 말해 주듯, 이들 원칙은 연방의회로 하여금 문제에 관하여 꼼꼼한 심의와 명확한 표현을 실천하도록 하지만, 입법에 대하여 절대적으로 "연방주의에 기초한" 장애물을 부과하지는 않는다. 그러한 접근은 법원이 의회의 입법 타당성을 심사할 때 제한적으로 조심스럽게 수행되며, 결과적으로 이것이 역동적 자유를 강조하는 헌법과 합치되는 것이다.[11]

내가 여기에서 이러한 종류의 법 원칙 확대를 헌법이 허용하여야 하는지에 관하여 논하고 있는 것은 아니다. 다만 나는 헌법의 민주적 목표를 지적하고 있는 것이며, 근대의 기술적 의사결정이 문제되었을 경우 이러한 목표를 달성하는 데 많은 복잡성이 내포되어 있음을 설명하고, 그러한 목표들과 최근 판결 사이의 긴장을 설명하며, 많은 연방주의 문제의 적절한 해결 책임이 사법부에게 홀로 맡겨진 것은 아니라는 점을 주장하고자 한다. 더 좋은 방안은 많이 있다.

프라이버시

세 번째 예는 프라이버시와 관련한 영역이다. 내가 정의하는 프라이버시란 다른 사람들이 그 사람에 대해 알 수 있게 되는 바를 통제할 수 있는 개인의 권한을 의미한다. 프라이버시는 기술의 급격한 변동으로 야기된 불확실한 환경 하에서의 헌법적 의사결정이라 정의할 수 있다. 기술 진보가 규제 환경에서의 중대한 변동을 의미하게 되는 순간마다 미국인들은 보통 실용적으로 새로운 법적 해답을 찾고, 그 방법으로서 민주적 대화에 참여한다. 사법부가 이러한 과정을 존중하는 태도에는 흔히 특별한 정도의 사법적 신중함이 수반된다.

헌법 문제를 설명하기 위하여 프라이버시와 연관된 법적 문제에 대한 논의부터 시작해야겠다. 나는 이 문제가 세 가지 요소로부터 발생한다고 믿는다. 즉 프라이버시에 대한 우리의 관심으로부터 연유한 가치가 다양하다는 점, 새로운 기술에 적응하기 위해 기존의 복잡한 법제가 필요하다는 점, 그리고 이렇듯 복잡한 법 영역에서 경쟁하고 때로 충돌하는 관점 사이에서 균형을 잡기가 어렵다는 점 등이다.

첫째, 개인 프라이버시를 "원치 않는 시선"으로부터 보호하여야 할 필요성을 서로 다른 여러 가치에서 도출할 수 있다. 어떤 이들은 개인이 타인으로부터 간섭받지 않고 홀로 남겨질 필요에 관한 가치를 강조한다. 여기에는 프라이버시를 보호함으로써, 맥락에서 이탈하여 도출된 유일한 사적 사실에 기초하여 자신이 판단되지 않게 하여야 한다는 생각이 더해진다. 다른 이들은 사랑과 우정 같은 중요한 인간관계가 신뢰에 의존하고 있으며, 신뢰란 모든 사람이 가질 수는 없는 정보를 당사자들끼리 서로 공유하면서 생겨난다는 것을 강조한다. 또 다른 이들은 프라이버시가 자유로운 신앙과 더욱 자유로운 표현을 촉진한다는 점에서, 개인 프라이버시와 개인주의 사이의 연관성을 발견한다. 또 다른 이들은 비슷한 이유로, 프라이버시와 평등 사이의 관련성에 주목한다. 예를 들어 사업자는 구매자의 자세한 개인 정보를 얻을 수 없기 때문에 모든 고객을 똑같이 대할 수밖에 없다. 이런 서로 다른 관점들을 중요성의 측면에서 달리 보는 사람도 있겠지만, 거의 대부분의 사람들이 이들 관점 속에서 개인 존엄과의 중요한 관련성을 발견한다. 그리고 모든 미국인들은 이러한 존엄을 보호하기 위한 법적 규칙을 필요한 것으로 받아들인다.[1]

둘째, 프라이버시와 관련한 대부분의 법적 쟁점은 법적 상황과 기술적 환경이 교차하는 지점에 자리 잡고 있다. 법적 상황이란 여러 형태의 법률이 프라이버시 규율에 관여하고 있다는 사실로 구성되어 있다. 불법침해, 도청, 엿듣기, 압수·수색을 제한하는 법률들은 수색과 감시로부터 집, 전화 등 특정 장소와 현장을 보호한다. 다른 몇몇 법은, 예를 들어 타인에 의한 접근으로부터 개인의 특정 데이터를 보호하는 것처럼 장소가 아닌 정보를 보호한다. 이렇듯 다양한 법률이 장소, 개인의 지위, 정보의 형태, 침해의 종류에 따라 다른 수준으로 프라이버시를 보호하는 것이다.[2]

기술 환경이란 기술의 발전과 함께 현재의 법이 보유하는 보호 효과가 불확정적이고, 예측이 불가능하며, 또한 불완전하게 변하였다는 등의 사실을 말하는 것이다. 지금은 현행법의 보호 효력이 미치지 않는 쇼핑몰, 학교, 공원, 회사 건물, 도심 거리, 기타 여러 장소에서 비디오카메라로 감시할 수 있다. 레이더 송수신 스캐너와 인터셉터로 거의 모든 전자적 송수신 대화를 감청할 수 있다. 열 이미지 처리장치는 집 안에서 일어나는 일을 밖에서 감지해 낼 수 있다. 이러한 기술로 우리는 개인에 관한 방대한 양의 정보, 즉 과거에는 법에서 특별히 금지하지는 않았으나 실질적으로 수집과 보존이 용이하지 않았던 정보까지 관찰하고 수집·분석하며 영구적으로 보존하는 능력을 가지게 된 것이다. 기술 변동은 과거에 존재하였던 법체계의 실질적 효과와 프라이버시와 관련된 효과를 바꾸어 놓았다.

법적 상황과 기술적 환경이 교차한다는 것은 i) 복잡한 체계의 기존 법률들이 ii) 급변하는 환경에 적용됨을 의미한다. 여기에서 적용이란 각 개인의 상황에 따라 발생하는 보호 수준의 감소만큼 프라이버시 보호에 변화와 위축이 일어남을 뜻한다. 기존 보호 정도를 유지하기 위해서는 우리의 오래된 포도주를 담을 새로운 법의 부대(負袋)가 필요하다.

셋째, 기술의 미래에 관한 예측의 불확실성을 감안할 때, 프라이버시에 영향을 주는 법을 개정하려면, 항상 동의되는 것은 아니지만, 인간 활동의 수많은 다양한 분야에서 발생하는 이익을 형량해야만 한다. 이러한 형량의 문제, 즉 이익을 어떻게 비교 교량해야 할 것인가에 관한 대답은 매우 불분명한 것이 사실이다.

예를 들어, 컴퓨터를 이용하는 사업체가 고객의 구매 세부 정보를 보유하여 개인별로 고객 프로필을 만들었다고 가정해 보자. 어떤 이들은 그러한 정보의 소지 자체가 고객의 프라이버시를 심각하게 침해하는 것이라 믿는다. 그러나 그 프로필을 이용하여 회사는 고객의 욕구에 좀 더 적합하고 값싼 제품을 만들어 낼 수도 있다.

또한 병원이 개인 의료 기록을 온라인으로 보관하고 있다고 해 보자. 이 또한 환자의 프라이버시를 침해하는 것일 수 있다. 그러나 온라인을 통한 의료기록의 즉각적 접근 가능성은 보험료를 낮춰 줄 수 있고 의식 불명의 응급환자를 치료하는 데 도움을 줄 수도 있다.

또, 개인의 유전자 조직에 대한 정보가 비밀로 취급되어야 한다는 내용의 법이 있다고 가정하자. 이 법으로 개인 프라이버시는 보호될 것이다. 하지만 만일 가까운 친척, 조카나 사촌이 자신의 암 발병률을 확인하기 위해 이 정보가 필요하다면 어찌하여야 하는가?

프라이버시를 위협받은 개인에게 사실을 알리고 동의를 구해야 한다는 요건을 규정하기만 하면 이러한 딜레마를 해결할 수 있다고 생각할 수도 있다. 그러나 "정보를 제공받은 상태에서의 동의" 요건이 꼭 효과가 있는 것은 아니다. 동의서의 내용을 이해하지 못한 상태에서 서명을 할 수도 있기 때문이다. 그리고 어떤 경우라도 한 개인이 정보 공개 혹은 비밀 유지를 결정하면 그것은 다른 사람들의 삶에 영향을 미치게 마련이다.

이 모든 것은 기술의 진척 정도에 의하여 좌우된다. 법에서 공공 도로상의 비디오카메라가 특정 시간에 꺼지도록 조치해 놓아야 하는가? 그러하다면 그 시간은 언제인가? 휴대폰을 암호화하도록 법으로 강제하여야 하는가? 웹사이트가 특정한 프라이버시 정책 방향을 가지고 사용자들에게 접속과 관련한 프라이버시 조건을 협상할 수 있도록 하여야 한다는 요건을 법에서 부과하여야 하는가? 그러하다면 어떻게 해야 하는가? 그런 소프트웨어는 언제 이용할 것인가?

개인 프라이버시 문제의 법적 측면을 해결하기 위한 법적, 기술적, 가치 형량적 복합성을 이해하는 것은 그 시작조차도 힘들다. 나도 해답을 제시할 수는 없으나, 21세기 미국이 어떻게 답을 찾아 나가야 하는지는 제안할 수 있다. 참여적 민주주의의 모습, 바로 이것이 최선의 답이다.

이상적으로는, 미국에서의 법 제정 절차에 위로부터 법을 부과하는 입법자, 행정가, 혹은 판사를 배제하면 된다. 대신 아래에서부터 끓어오르는 변화를 담아내는 것이다. 심히 복잡한 법적 변동은, 흔히 입법자들, 판사들, 그 생활이 새로운 기술에 의해서 영향을 받는 수많은 보통 시민들과 더불어, 과학자들, 기술자들, 기업인들, 여성들, 그리고 미디어 등 타인들 사이의 국가적 대화의 맥락을 통해서 일어난다. 그 대화는 회의와 심포지엄, 토론 등을 통해, 학술지 논문이나 매체의 보고서를 통해, 입법·행정 청문을 통해, 혹은 사법부 판결을 통해 이루어진다. 변호사들은 특수 지식을 일상 언어로 번역하고, 이슈를 특정하며, 동의를 창출해 내면서 이 대화에 참여한다. 보통 행정부와 입법자는 대화가 잘 진행된 이후에만 판단을 내린다. 법원은 이른바 이러한 "끓어오름"을 통해 도달한 법적 결과가 헌법의 근본규범과 합치하는지의 여부를 판단하며 절차의 후반에 참여하게 된다. 이러한 대화는 토크빌이 말한 바와 같이, "당신이 아메리카 땅에 발을 내디뎠을 때 발견할 수 있는" "소동"이며 "모든 진영에서 부르짖는 외침"이다. 이것이 바로 민주적 절차의 작동을 지칭하는 것이다.[3]

민주적 해결 절차와 더불어 법률 개정 문제의 본질로부터, 특별한 정도의 사법적 겸양과 조심성의 필요성을 이끌어낼 수 있다. 그것은 섣부른 사법 판단이 "대화적" 입법절차에 합선을 일으키거나, 선점을 초래할 우려가 발생하기 때문이다. 여기에서 대화적 입법절차란 헌법적 민주주의에 대한 우리의 현대적 이해를 구현해 가는 과정을 말한다.

최근 한 판결*에서 이 점을 발견할 수 있다. 연방대법원은 익명의 개인이 도청장치를 이용하여 타인의 사적 휴대폰 대화를 엿들은 뒤, 이를 라디오 방송에 제공하였던 사건을 심

....

* 신원이 밝혀지지 않은 취재원이 교원단체 간부들인 사인 간의 전화통화를 몰래 도청·녹음하여 이 테이프를 당해 교원단체에 적대적인 다른 단체에게 배달하고, 이들을 거친 테이프가 결국 방송국 프로그램에 그대로 방영된 것이 문제되었다. 1993년

리하게 되었다. 법에서는 라디오 방송국 스스로 도청 행위를 계획하거나 간여하지 않았다 하더라도 그 대화 내용을 방송하지 못하도록 규정하고 있었다. 이 사건에서 연방대법원은 수정헌법 제1조에 기한 방송국의 방송의 자유와 당해 법률이 보호하고자 하는 프라이버시가 어떤 범위까지 인정되는지를 판단하여야 했다.[4]

4인 의견의 대표를 맡은 스티븐스 대법관은 여기서 문제되는 주요 헌법 가치로, 사회문제 사안에 대한 공적 토론을 활성화하는 수정헌법 제1조의 주안점을 지적하였다. 수정헌법 제1조는 방송국에 정보를 방송할 자유를 부여함으로써 다른 법률에 우선한다는 것이다. 그러나 이 의견은 이 같은 논리에

....

펜실베이니아 주 모 지역 교육위원회와 임금인상안 협상을 준비하고 있던 이들 간부들의 대화에는, 상대가 자신들의 인상안을 수용하지 않을 경우 "집을 찾아가 현관을 날려버려야 한다", "따끔한 맛을 보여주어야 한다"는 등 은밀히 주고받을 수 있는 감정적 발언들이 들어 있었다.

연방대법원은, 청구인들이 주장하는 것처럼 사건의 도청 및 방송행위가 '1986년 전기통신 프라이버시법(Electronic Communications Privacy Act)'이라는 연방법 위반이기는 하지만, 이 법을 본 사안에 적용하는 것은 수정헌법 제1조가 보호하는 표현의 자유를 침해하는 것으로서 위헌이라 선언하였다. 다수의견의 논지는, 제한되는 프라이버시와 보호되는 이익을 형량하였을 때, 그 이익이 공적 중요성(public importance)을 가진다면 표현의 자유 보호를 위하여 프라이버시를 포기할 수 있다는 것이었다. 이 와중에 익명의 타인에 의한 도청행위가 개입되어 있더라도 결론에는 변함이 없다고 하였다. 결국 공익을 위한 프라이버시의 희생을 정당화하는 원칙을 정립하고, 이를 적용하는 논리구조를 채택한 것으로 볼 수 있다. *Bartnicki v. Vopper,* 532 U.S. 514(2001).－옮긴이

도 불구하고 결국 조건부 판결*을 취하였다. 이 사건에 내재하는 특수 상황, 즉 이 방송국이 대화를 감청하는 데 아무런 관련이 없었다는 사실에 집중하였던 것이다. 오코너 대법관과 나는 별개의견을 제출하였는데, 당해 프라이버시 이익의 잠재적 중요성과 현재의 불확실성을 강조하였다. 우리는 이보다 더 악의적인 상황 혹은 정보 공개를 원하는 대중의 바람이 덜할 경우, 방송사가 책임져야 할 가능성 또한 완전히 열어 두었다.[5]

이 판결의 조건성은 그 자체로 헌법적 목적에 합당한 것이다. 프라이버시에 관한 민주적 "대화"는 아직도 진행 중이다. 이러한 상황에서 규범력은 없지만 나름의 관점을 명백히 드러낸 연방대법원 판결**은 연방의회로 하여금 도청에 관한 법규를 다시 제정하도록 유도할 수 있다. 구체적으로는, 도청장치의 다양한 사용 가능성, 암호화 과정을 통한 대화의 보호 가능성과 같은 기술적인 현실을 법규에 반영하도록 하는 것이다. 헌법 규범의 폭이 넓어지면 그 자체로 현재는 예측할 수 없는 각종 방식을 입법에 채택하는 데 제약이 따르게 될 것이다. 그리고 두루뭉술한 판결은 중대한 개인 기본권에 대한 법적 보호

....

* narrow holding. 기존 연방대법원 판례의 태도를 거스르지 않으면서도 현재 사건에 특수한 조건이 존재한다는 이유로 예외적 결론을 내린다는 취지의 판결을 말한다.

** 조건부 판결은 그 자체에서 요구하는 특수성 요건을 충족시키지 않는 한 비슷한 일반적 사례에 적용될 수 없다는 의미에서 규범력이 없다는 표현을 사용한다. – 옮긴이

가 문제되었을 때 특히 위험하다. 반면, 연방대법원은 최근 개인 주택 내부의 활동을 감시하기 위하여 영장 없이 열 감지 장치를 도로 주변에 설치한 경찰력 집행을 위헌이라 판결하였다.* 이 사안은 연방대법원으로 하여금 단지 거주자가 자신들의 집안 활동이 이런 식으로 외부에 공개될 수도 있다는 점을 합리적으로 예측할 수 있었는지 여부를 물을 것을 요구하였다는 점에서 다르다. 여기에서는 당해 프라이버시 침해가 상대적으로 분명하고, 적용될 수 있는 수정헌법 제4조의 원칙이 상대적으로 잘 확립되어 있다. 이 사안에서 연방대법원의 임무는 새로운 법적 범주를 찾아보는 것이 아니라 새로운 기술을 구법 체계에 적용하는 것이었다. 그렇게 하는 것이 진행되는 민주적 정책 토론에 방해가 될 것 같지는 않아 보였다.[6]

....

* 정부 요원이 대마초를 자신의 아파트 안에서 키우고 있는 것으로 의심되는 용의자를 집 전체에 대한 열감지장치(themal-imaging device) 스캔의 방법으로 감시하고 있었다. 그 밖에 다른 정황증거를 근거로 대마초를 재배하는 사실이 밝혀졌고 용의자는 처벌받게 되었다. 이에 주택 내부의 활동을 감시하기 위하여 영장 없이 외부에 열감지기구를 설치할 수 있는가는 곧바로 프라이버시 문제를 불러일으켰다. 프라이버시 문제 판단을 위하여 연방대법원은 거주자가 자신의 집안 활동이 이러한 장치를 통하여 외부에 공개될 수 있다는 점을 합리적으로 예측할 수 있었는지를 고려하였고, 결국 위헌으로 판단하였다. 압수·수색에 관한 수정헌법 제4조 또한 명백하게 위반하였다는 점 또한 확인되었다. 연방대법원은 물리적 침범 없는 이러한 형태의 감시 또한 영장이 필요한 '수색'으로 보았던 것이다. *Kyllo v. United States*, 533 U.S. 27(2001). –옮긴이.

프라이버시의 예는 사법적 신중성 측면에서 더 많은 점을 시사해 준다. 너무 경직된 헌법 해석 방법을 채택하지 말 것을 경고하는 것이다. 21세기 법원으로 하여금 헌법의 근본 가치를 적용하는 것이 어려워질 정도로 18세기의 세부사항들에 비중을 두어서는 안 된다. 또한 법원이 헌법 판단의 폭을 결정할 때 최소한 진행 중인 정책 창설 과정에 특정 범위의 결정이 미치는 효과를 살펴볼 필요가 있다는 점을 말해 준다. 법원은 "도청" 판결과 "열 감지 장치" 판결의 목적을 구분해야 한다.

프라이버시의 예는 또한 사법적 관심(judicial concerns)의 "실용성"과 "합법성"을 구분하는 것이 오해를 불러일으킬 수 있음을 명확히 보여 주었다. 조심성을 발휘한다고 해서, 판사는 현실성을 담보하기 위하여 법 해석자로서의 사법적 역할을 방기하지 않는다. 오히려 판사는 그 자체로서 현실적 절차인 역동적 자유에 대한 나름의 현실적 관심에서 헌법을 해석하며 법을 따른다. 즉, 법원이 헌법의 지속적 가치에 의거하여 새로운 법률을 심사할 때, "현실적"으로 나아갈 수 있는 권한을 헌법이 부여하는 것이다.

적극적 평등 실현조치

지금까지 든 세 가지 예에서는 역동적 자유의 본향이라 할 수 있는 영역인 지방과 연방 수준에서의 정치 참여에 관한 문제, 표현의 자유 문제, 그리고 프라이버시 문제를 중점적으로 다루었다. 이제 그 네 번째 예로서, 좀 거리가 있어 보이기는 하지만, 로스쿨의 적극적 평등 실현조치 프로그램이 평등보호조항과 동일선상에 있는가를 밝히고자 하는 법원의 노력을 다룰 것이다. 여기서는 민주적 자기 통치 원리에 의존하는 것이 법원이 다른 종류의 헌법 문제를 결정하는 데 얼마나 큰 도움을 주는지를 확인할 수 있다.

2003년의 적극적 평등 실현조치 판결인 그루터 대 볼링어(*Grutter v. Bollinger*)에서 연방대법원은 미시간 대학교 로스쿨의 입학 기준이었던 인종 문제에 관하여 심리하였다. 엘리트 양성 기관인 미시간 대학교 로스쿨은 매년 약 350명이 입학허가를 받을 수 있는 정원에 약 3,500명이 지원하고 있다. 이 로스쿨은 선호하는 학생 상을 밝히고 있었는데, 첫째, "개인적으로나 집단적으로 보았을 때 가장 유능한" 학생들, "학교 내에서 그리고 졸업 이후에 성공할 수 있을 것이라는 실질적 가능성을 지닌" 학생들, 그리고 "타인의 행복"에도 도움을 줄 수 있을 것 같은 학생들이 그것이었다. 그러한 학생들을 선택하기 위해서 로스쿨은 지원자의 평점, 로스쿨 입학시험 점수와 추천서를 심사하였다. "심각한 학업상 문제점" 없이 "졸업할 만큼 우수하지" 못하다고 생각되는 지원자를 걸러낸 후에는, 입학지원서, 이수한 학부 과정의 난이도, 특별한 삶의 경험, 그리고 지금의 논의를 위해 가장 중요한 대목인 소수인종 여부 등의 "연성 변수(soft variables)"를 심사하였다.[1]

학교 당국은 구체적으로, "제대로 대표되지 못한(under-represented) 학생들로 하여금 학업에 참여하게 하고 소외감을 느끼지 않도록" 할 정도로 "충분한 수"를 정하여 소수인종 학생들을 입학시키고자 하였다. 그 이유는 무엇이었을까? 학교 당국이 밝힌 입학허가 요건으로서의 인종은, 인종적 "다양성"을 확보하기 위한다는 것이었다. 즉 "모든 이들의 교육을 풍요롭게" 하기 위한 목적이라는 것이다. 그리고 이러한 다양성 확보를 위해서는 "흑인, 히스패닉, 아메리카 원주민들처럼 역사적으로 차별받았던" 집단을 우대하는 적극적 평등 실현조치가 필요하였다. 이러한 조치가 없었다면 이들은 로스쿨 학생 조직에서 "의미 있는 수"로 대표되지 못하였을 것이라고 덧붙였다.[2]

연방대법원이 해결하여야 할 과제는 주립대학에서 이러한 입학허가 요건으로서 인종을 고려하는 것이 평등보호조항, 즉 어떤 주도 "누구도 법의 평등한 보호를 거부하지" 못하도록 하는 조항에 부합하느냐 하는 것이었다. 이에 대한 답은 상당 부분 이 조항에 대하여 연방대법원이 받아들일 가능성이 있었던 두 가지 해석에 의존하는 것이었다.[3]

첫 번째 해석은 이 조항을 주(state)로 하여금 "피부색과 무관하게(color-blind)" 행동하라는 명령으로 보는 견해이다. 토머스(Clarence Thomas) 대법관은 반대의견을 통해 이를 다음과 같이 설명하였다.

> 헌법은 인종에 따른 구별을 혐오한다. 이는 그러한 구별이 우대되는 인종에 해를 입히거나 부당한 동기에서 발현된 것이기 때문일 뿐 아니라, 정부가 국민들을 인종에 따라 등록하여 이를 의무 또는 혜택 조건과 관련시키는 것 자체가 우리 모두의 품위를 떨어뜨리는 일이기 때문이다. "선대의 셀 수 없는

고난의 산물로 우리가 겨우 얻게 된 평등보호원칙의 관점에서 보자면, 그러한 구별이 궁극적으로 개인과 사회를 파괴하는 효과를 낳으리라 이해하는 것이 미국적인 해석이다.[4]

두 번째 해석은 연방대법원으로 하여금 이 조항을 더욱 목적 지향적으로 해석하도록 요구하는 견해이다. 평등보호조항은 미국이 노예 제도와 차별 사회를 철폐하고자 하는 노력의 역사를 통하여 생겨났다. 즉 이러한 역사를 반영하고 있는 것이다. 결과적으로 본 조항은 모든 법률에서 개인을 똑같이 존중할 것을 요구한다. 법이 만일 차별받는 인종 구성원을 똑같이 존중하지 못하는 사태가 발생한다면, 그 원인이 인종에 기초한 것이어서는 안 된다는 것을 의미한다. 그렇다고 하여 평등보호조항 때문에 모든 상황에서 인종에 기초한 법이 배척되는 것은 아니다. 긴스버그(Ruth Bader Ginsberg) 대법관은 관련 판결에서 이를 다음과 같이 설명하였다.

평등에 관한 헌법의 명령을 수행하는 데 정책 결정자는 포함과 배제 정책을 적절히 구분할 수 있다. 오랫동안 시민권 지위가 거부되었던 집단에게 온전한 시민으로서의 의무를 부담시키기 위한 조치는, 확립된 기존의 차별과 그 후속 효과를 신속히 근절하기 위한 수단과 확연히 동급으로 취급되지 않는다.[5]

남북전쟁으로 탄생한 수정조항들은 "시민권 지위가 오랫동안 거부되었던" 집단이 민주적 정치 공동체에 평등한 권리를 누리며 완전하게 참여하도록 용인·독려하였다. 이들 수정조항의 "피부색과 무관한" 해석에서 시사된 경험은, 평등한 기회라는 형식을 만들어 내기는 하였지만 평등한 결과를 불러일으키기에는 충분하지 못하였다. 여기서 목적 지향적 해석에 따른, 부당한 차별과 긍정적 차별에 가치의 구별이 생기게 되었다.

피부색과 무관한 해석과 목적 지향적인 해석은 양 극단의 반대 견해라기보다 서로 다른 해석적 경향을 반영하는 것이다. 그럼에도 "피부색과 무관한" 견해를 지지하는 이들은 때로 드물게 평등조항이 인종에 기초한 차별을 허용한다고 인정한다. 또한 "엄격한 목적 지향적" 견해에 찬성하는 이들은 법원이 모든 인종에 기초한 구별에 대하여 신중히 대처하여야 함을 인정한다. 주의 깊게 점검하지 못하면 "실상은 해로운 것이지만 유익하게 보이도록 가장한 구별을 발견하는 데" 실패할 수 있기 때문이다. 법원은 또한 유익한 인종적 우대가 "너무 대규모로 이루어져서 타인들의 기회를 부당히 제약하거나, (우대의 대상을 바꿈으로써) 한 번 우대를 받게 된 집단의 사람들이 정당하게 기대하는 바를 심각하게 무력화시키고 있지는 않은지" 꼼꼼히 살펴 확인하여야 한다.[6]

그루터 판결에서 연방대법원의 다수는 결국 두 번째 해석 형식을 취하였다. 미시간 로스쿨의 인종에 대한 사항을 세밀히 살폈고, "엄격심사" 기준을 동원하여 판결하였다. 그런데도 미시간 대학교의 다양성 논리는 "설득력이 있다"고 판단하였다. 로스쿨이 각각의 지원서를 개별적으로 심사하였으므로, 적극적 평등 실현조치는 그 목표 달성을 위하여 "신중하게 실현되었다"는 것이다. 또한 연방대법원은 "지금부터 25년 이후부터는 이러한 인종적 우대를 더 이상 이용할 필요가 없을 것이라 예견하였다."[7]

여기서 나는 연방대법원의 주장 가운데 한 가지에만, 즉 연방대법원이 앞서 기술하였던 첫 번째 견해가 아니라 두 번째 견해와 유사한 평등보호조항 해석을 수용한 이유는 무엇인가에 중점을 둘 생각이다. 그러한 해석을 받아들인 근거에는, 소수인종에 대한 과거의 차별로 인하여 오늘날 소수자 집단의 일원을 원조할 수 있는 특별한 노력이 정당화될 수 있다는 주장 또한 있었을 것이다. 이러한 주장은 평등에 대한 고려에 의존하고 있다. 평등보호조항의 근원적 목표 또한 바로 평등임은 두말할 나위 없다. 위즈덤(John Minor Wisdom) 판사가 여러 해 전에 이러한 주장을 설명한 바 있다. 당시 그는 "헌법이 차별의 만연을 막고 과거의 차별로 인한 영향력을 무력화하기 위하여 피부색을 의식하고 있다"고 말하였다. 미시간 로스쿨의 입학 허가 정책은 "역사적으로 차별받아 오던 집단의 학생을 포용한다는 특별한 노력으로써의 다양성"에 특별한 관심을 경주하였던 학교 정책과 맞닿아 있다. 그러나 로스쿨은 이렇듯 평등에 기초한 개선 방안을 강력하게 밀어붙이지는 않았다. 주저하였던 이유는 이전 판결에서 연방대법원이, 단순히 기존의 "보편화된 사회적 차별"을 시정하려는 목적에서 실현된 적극적 평등 실현조치의 헌법적 정당성에 의심을 던진 적이 있다는 사실과 관련 있을 것이다.[8]

"엄격히 목적 지향적인" 견해를 받아들이는 근거에는 자유에 기반한 주장, 즉 헌법이 대학에 학생 조직 구성원을 스스로 결정할 수 있도록 특별히 광범위한 권한을 부여하였다는 주장이 있었을 것이다. 예를 들어 파월(Lewis Powell) 판사는 캘리포니아 대학교 이사회 대 바키(*Regents of the University of California v. Bakke*) 판결에서 "교육에 관하여 대학이 스스로 결정할 수 있는 자유에는 학생 조직 선발이 포함된다"고 밝힌 바 있다. 미시간 로스쿨은 교육에서의 더욱 완전한 참여 형태를 주장하였다. 즉, "고등 교육 맥락에서" 중대한 국가의 이익에는 "교육적 혜택"의 보장, "인종적 고정관념 타파"를 위한 지원, "학생의 타 인종에 대한 깊은 이해", "인종 간 상호 이해 증진", "보다 적극적이고 활발하며 계몽적이고 흥미 있는" 토론 등을 모두 가능하게 하는 "다양성"이 포함된다는 것이다. 이러한 주장의 형식을 받아들인 연방대법원은 다음 사항을 적시하였다. “공교육의 중대한 목적, 대학 환경과 관련된 표현과 사상의 자유 확대 등을 고려할 때, 대학은 우리 헌법 전통에서 특별한 지위를 차지한다”는 것이다. 그러나 연방대법원이 이렇게 판단한다고 하여 표현의 자유와 관련한 이 같은 고려가 결정적인 것임을 의미하지는 않는다.[9]

그 대신, 연방대법원은 오코너 대법관이 다수의견에서 다음과 같이 제시하였던 몇몇 특별한 실질적 고려사항에 방점을 찍었다.

> 미국의 주요 기업들은, 점점 더 세계화되는 시장환경에서 필요한 능력을 계발하기 위해서는 아주 다양한 사람과 문화와 사상과 관점을 접해 보아야 한다는 것을 지속적으로 강조하고 있다.[10]

또한 덧붙이기를,

> 미군 고위 퇴역 장교들과 민간 지휘관들은 “그들의 수십 년 경력에 비추어 보았을 때, 국가 안보의 주요 임무를 수행할 군사적 능력에는 고도로 훈련되고 인종적으로 다양한 장교 집단이 필수적”임을 역설한다.[11]

그리고 말하기를,

학생 구성이 다양해지면 학생들이 갈수록 다변하는 일터와 사회에 보다 잘 대비할 수 있고, 전문 직업인으로서 준비할 수 있게 된다. 교육은 우리 정치적·문화적 유산을 보존하는 핵심적 요소이고, 사회 구조를 지탱하는 근본 역할을 수행하는 것이다.[12]

그는 이와 같은 고려사항을 다음과 같이 집약하였다.

고등교육 환경보다 개방의 중요성이 첨예한 곳은 존재하지 않는다. 모든 인종과 민족 집단 구성원들이 우리 국가의 시민으로서 삶에 효과적으로 참여할 수 있어야 한다. 실제로, 지도자들을 향한 통로는 재능 있고 자격을 갖춘 모든 인종과 민족의 개인들에게 가시적으로 개방되어 있어야 한다. 우리 다인종 사회의 모든 구성원들은 이러한 훈련을 제공하는 교육 기관의 개방성과 통합성에 대하여 확신을 가지고 있어야 한다. 그리고 우리 모두는 거기에 참여하여야 한다.[13]

이러한 주상들이 바로 언내 원칙, 박애 원칙, 역동적 자유 원칙에 호소하는 것이 아니면 무엇이겠는가? '잘 작동되는 참여 민주주의의 유지에 필요한 적극적 평등 실현조치'라는 논리 형식은 이들 주장을 기초로 도입되었다. 여기에서는 미시간 로스쿨의 적극적 평등 실현조치 프로그램을 불법으로 보는 평등보호조항의 해석이, 헌법의 기본적 민주주의 목표의 관점에서 볼 때 실효성 없는 해석이라고 말한다. 너무도 많은 각 인종의 개인들이 훗날 다양성의 현대 시민 사회에 효과적으로 참여하게 해 줄 다양한 인종적 교육 환경을 체험하지 못하게 된다는 것이다. 너무 많은 소수 인종의 개인들이 고등 교육 기회를 찾지 못하게 될 것이며, 군대에서, 기업에서, 정부에서 또한 그 닫힌 문은 그들을 지도자의 지위에 얼씬도 하지 못하도록 차단한다는 것이다. 또한 너무도 많은 사람들로 하여금 이 나라와 정부의 정책이 우리의 것이 아닌 저들의 것이라 판단하게끔 한다는 것이다. 많은 식자 집단이 연방대법원에 지적하였던 것처럼, 만약 예상되는 결과가 이러하다면 우리의 민주적 정부 형태는 헌법 제정자들이 의도한 대로 작동할 수 있을까?

평등보호조항에 대한 어떤 해석에 따른다면 포용의 노력을 통해서 민주주의의 작동을 용이하게 하고, 그와 다른 해석에 따른다면 지각되는 배제를 통해서 민주주의의 작동을 방해할 수 있는 현상에 직면한 상황에서, 연방대법원의 다수의견이 전자를 선택하였다는 것이 놀랄만한 일인가? 오히려 이러한 해석이 실질적 측면에서 작동 가능한 민주 정부를 만들고자 하는 헌법과 더욱 부합되는 것이 아닐까? 주어진 헌법적 목표에서 볼 때, 연방대법원이 평등보호조항을 심각한 인종적 분열, 즉 엘리트 교육 제도로부터의 배제로 인하여 더욱 악화될 분열의 위험을 최소화하는 방식으로 해석하였던 것은 이상한 일이 아니다. 또한 인종에 대한 과도한 자기동일시와 그로 인한 갈등을 통해 만들어지는 유사한 위험에 비추어, 다수의견이 25년 이후 미시간 로스쿨의 정책과 같은 것들이 더 이상 필요 없게 되리라 예상하였던 바는 지극히 당연한 것이다.[14]

법원은 때로 역동적 자유에 의존함으로써 겉보기에 다른 가치에 기초하고 있는 헌법 조항의 경쟁하는 해석들 가운데 용이한 선택을 할 수 있다. 그루터 판결은 이것이 어떻게 가능한지를 보여주고 있다.

제정법 해석

다섯 번째 예로 제정법 해석에 대해 살펴본다. 여기에서는 문자 그대로 텍스트에 기초한 접근과, 제정 목적 또는 의회의 의도를 더 강조하는 접근이 서로 대비된다. 또한 법률 언어가 명확하지 않아 해석이 어려운 경우에 판사가 법의 목적에 주된 관심을 기울여야 하는 이유를 고찰한다. 제정법 해석은 텍스트를 지나치게 강조할 경우 법원이 어떻게 길을 잃고 삶과 법을 유리시킬 수 있는지를, 즉 실질적으로 의회가 도움을 주고자 했던 이들에게 법원이 도리어 해악을 가하는 법을 만들어 낼 수 있다는 것을 보여 준다. 그리고 목적 지향적 접근을 하였을 때 왜 헌법이 고안한 "위임 민주주의" 구조에 더욱 충실한지, 그 이유를 설명해 준다.[1]

법문의 언어를 통해서 그 법이 무엇을 의미하는지 혹은 어떻게 적용되는지에 관한 명확한 답을 얻지 못하는 경우, 해석상의 문제가 발생한다. 제정법은 왜 이 같은 언어를 담고 있을까? 아마도 의회가 부적절한 언어를 사용해서 그럴 것이다. 아마도 의회가 자신의 법 제정 전문지식을 사용하지 못하였거나 위원회 청문절차를 거치지 못하여, 대신 본회의에서 법문을 작성하였기 때문일 것이다. 의회가 명확한 언어보다는 정치적 상징 언어나 불분명한 언어를 선택하였던 이유에서일 것이며, 이는 (몹시 단순화된 언론 보도에 부응하여) 고도로 당파적이면서도 이익집단에 기초한 현대 정치가 현실화될 가능성을 상징한다. 의회의 어느 누구도 제정법이 특정 상황에 어떻게 적용될 것인지를 예측하지 못하였기 때문일 것이며, 특정 제정법이 관련된 모든 상황에 어떻게 적용되어야 하는지를 예견할 언어의 사용이 불가능하였기 때문에 그러할 것이다.

건국 세대의 미국인들은 이 같은 가능성을 알고 있었다. 판사들도 "오류에 빠질 수 있는 사람들"임에 불구하고, 새로이 성문화된 법을 적용하면서 판단과 재량은 그들이 담당하여야 한다고 믿었다. 하지만 그 와중에 판사들이 입법자의 의지에 대한 신뢰를 거두지 않을 것이라는 기대 또한 가지고 있었다. 제정법 해석의 문제는 결국 이러한 기대에 어떻게 부응하느냐이다.

대부분 판사들의 출발점은 같다. 먼저 당해 법의 목적이 무엇인가를 알아내기 위한 노력의 일환으로 법의 언어와 구조, 그리고 그 역사에 주목한다. 그리고는 적절한 해석을 위하여 언어, 구조, 역사와 더불어 그 법의 목적을 이용한다. 여기까지는 누구나 동의할 수 있다. 그러나 해석 문제가 매우 어려운 경우, 이러한 요소들 이외에 다른 것을 더 살펴보지 않는다면 최종 선택을 확정 짓지 못한 채 그저 가능한 해답의 영역을 제한하게 될지도 모른다. 그렇다면 다음 단계로 무엇을 해야 하는가?

이 지점에서 판사들은 접근 방법에서 차이를 보이기 시작한다. 어떤 이들은 더 깊은 이해를 위하여, 주로 텍스트에 주목한다. 예를 들면 언어와, 텍스트와 연관된 환경에 주목하는 것이다. 법 자체의 언어와 구조로부터 더 깊은 의미를 끌어내 볼 수 있다는 것이다. 그들은 법의 올바른 해석을 위한 "객관적" 방법을 찾기 위하여 언어에 기반을 둔 해석규칙에 눈길을 돌릴 것이다. 예를 들어, 어떤 단어는 그 주변 단어와 같은 종류의 의미를 지니고 있기 때문에 판사로 하여금 그에 기초해 해석하도록 하는 주변어 유사의미(*noscitur a sociis*) 규칙과 같은 것이 이에 해당한다. 알려진 바와 같이, 텍스트주의는 "구조 안에서의 의미"를 탐구한다. 이는 "입법 내력이나 귀속된 가치보다는 가능한 한 언제나 법 언어와 구조를 더 선호하는 것"을 뜻한다. 이 관점에 따르면, 판사는 모호하거나 넓은 제정 목적에 의존하는 것을 지양해야 하는 대신, 그러한 목적을 "낮은 수준의 일반론" 정도로 이해해야 한다. 또한 판사가 선에 관한 의회의 관념(what is good)을 자신의 관념으로 대체하면서 법을 주관적으로 해석해 버리는 위험을 줄여야 한다.[2]

다른 판사들은 제정법의 목적에 주목한다. 이들은 해석 규칙의 사용을 꺼린다. 법 목적을 밝혀 낼 일반성의 정도를 결정하기 위하여 맥락에 의존한다. 이를테면 우리가 맥락을 고려하게 될 때, 방향을 찾기 원하는 길 잃은 운전자가 "여기가 어디인가?(Where am I?)"라고 물었을 때 "당신 차 안이다.(In a car.)"라는 말로 대답할 수는 없다는 말이다. 이들 법 목적에 주목하는 판사들은 '입법자의 의도'에 입각하여 판결한다. 이들의 사고 맥락은 모든 혹은 개개 입법자의 의도를 일일이 확인하지는 않았다 할지라도 단체로서의 의회의 "의도"를 추론할 수 있다는 법 관행에 의존한다. 이는 마치 군대 혹은 팀의 의도라 하면 모든 혹은 개개 군인이나 구성원과는 다른, 집단의 의도를 일컫게 되는 언어 관행과 유사하다. 또한 판사들은 역사를 살펴봄으로써 맥락, 입법자의 목표, 궁극적으로 법의 목적까지 더 잘 이해할 수 있으리라는 기대에서, 주로 법제사를 면밀히 검토한다. 이러한 목적 기반적 접근의 핵심 방법론에는, 예를 들어 의회가 특정 사안을 실제로 다루지 않았더라도 적용되는 법적 허구의 일종인 "연방의회의 합리적 구성원(reasonable member of Congress)"이라는 개념이 자리 잡고 있다. 법문과 구조, 그리고 (실질적 혹은 가설적) 일반 목표를 인식한 상태에서 판사는, 허구이든 실제이든 이 합리적 입법자가 특정 사안에서 현재의 상황에 비추어 당해 법률을 법원이 어떻게 해석해 주기를 원하였을지 묻게 될 것이다.

이 두 접근방법의 차이는 다음 세 판결에서 확인할 수 있다. 각각에서 다수의견은 텍스트주의적 접근방법을 따랐고, 반대의견은 좀 더 목적 지향적 접근방법을 선택하였다.

첫 번째 사건*

외국 주권 면제법(Foreign Sovereign Immunity Act)에 의하면 상거래 소송의 피고인 외국은 때로 "주권 면제"를 효과

....

* 작업 중 유독 화학물질에 노출되어 피해를 입었다고 주장하는 코스타리카 등 남미 몇몇 국가의 농장근로자들이 거대 식품회사인 돌(Dole)을 상대로 주 법원에 소송을 제기하자, 돌은 농약회사인 사해기업(Dead Sea Companies)에 책임을 전가하는 소송을 제기하였다. 사해기업이 이스라엘 국적 회사였으므로 돌은 외국이 연루된 코먼로 사안을 관장하는 연방법원으로 관할을 변경하는 데 성공하였다. 이에 사해기업 또한 자신이 이스라엘의 국영기업이라는 점을 근거로 커먼로 책임이 면제되는 외국 주권 면제법(Foreign Sovereign Immunities Act) 적용을 받기 위해 연방법원으로의 관할 변경을 주장하였던 사건이다. *Dole Food Co. v. Patrickson*, 538 U.S. 468(2003).-옮긴이

적 방어 수단으로 주장함으로써 책임을 회피할 수 있다. 주권면제 규칙의 많은 예외를 포함하여 이 법이 적용될 가능성이 의심스러울 경우, 예를 들어 원고가 피고 회사의 성격이 외국 정부기관임에도 불구하고 일반 민간회사라 주장하는 경우에, 피고는 연방법원 판사가 이 법의 적용 여부, 혹은 적용 방법을 결정할 수 있도록 연방법원으로 관할을 변경(remove)할 수 있다. 그러나 피고가 이렇게 할 수 있으려면 반드시 "대부분의 지분 혹은 기타 소유권 이익(a majority of its shares or other ownership interest)을 외국 국가가 소유하여야 한다."[3]

이 사건의 쟁점은 다음과 같이 정리될 수 있을 것이다. (로맨스와 모험의 왕국인) 루리타니아(Ruritania) 정부가 루리타니아 가구회사(Ruritania Furniture Company)의 주식 100퍼센트를 소유하고 있다고 가정해 보자. 만일 원고가 어떤 주 법원에 이 회사를 상대로 소송을 제기한다면, 루리타니아 가구회사는 연방법원 판사가 이 법을 어떻게 적용할 것인지 결정하도록 연방법원으로 관할을 변경할 수 있다. 하지만 주 법원에서 원고가 루리타니아 가구회사가 아닌 그 자회사 루리타니아 의자 회사(Ruritania Chair Company)를 상대로 소송을 제기하였다고 해 보자. 나아가 루리타니아 가구가 루리타니아 의자의 주식 100퍼센트를 소유하고 있다고 하자. 루리타니아 국가가 가구회사를 소유하고 있고, 다시 루리타니아 가구회사가 의자회사를 소유하고 있을 때, 루리타니아 의자회사는 연방법원으로 사건을 관할 변경할 수 있을까? 이 같은 상황이 법 요건을 충족하는 것일까? 자회사의 소유권을 확보한 모회사를 소유한 루리타니아 국가가 법문에 나타난 바대로 자회사의 "기타 소유권 이익"을 확보한 것으로 볼 수 있는가? 만일 그러하다면, 루리타니아 의자는 사건을 관할 변경할 수 있다. 반대로, 그렇게 볼 수 없다면 변경은 불가능할 것이다.[4]

문자 그대로 텍스트에 기반한 접근법을 사용하는 판사들이라면, 정부가 전부 소유한 모회사에 의하여 모두 소유되는 자회사는 사건을 관할 변경할 수 없다고 판단할 것이다. 연방대법원의 다수의견은 다음과 같은 논리를 제시하였다. 보통 미국 회사법상 회사와 그 주주는 서로 다른 주체로 본다. 따라서 일반적으로 회사를 소유하는 정부가 아닌 회사 자체를 자회사의 소유권자로 여기는 것이다. 언어적 단서 또한 이러한 관점을 뒷받침한다. 예를 들어, 의회가 만약 이러한 일반적 규칙과 달리 의도하였다면 "직접적, 간접적 소유권"이라는 어구를 사용하였을 것이다. 몇몇 다른 법에서 볼 수 있는 이 어구를 썼다면 일반 기업의 "구조적 소유권 규칙(structural ownership rule)"을 배제하기 위한 의회의 의도를 시사하는 것으로 볼 수 있었을 것이다. 그러나 의회는 그렇게 하지 않았다. 대신, i) "기타 소유권 이익"과 ii) "다수 주식의 소유권" 모두를 가리키는 용어를 사용하였다. "기타"라는 용어에 강한 의미를 부여하고자 한다면 우리는 "주식 소유권 이외의(other than)"라는 뜻으로 해석하여야 한다. 또한 "가능하다면 법문은 모든 용어가 실제 효력을 발휘하도록 해석되어야 한다"는 해석규칙에 의할 때에도, "기타"를 이런 식으로 해석할 필요성이 인정된다. 이러한 언어적 실제와 구조적 실제를 함께 고려하였을 때, "기타 소유권 이익"이라는 어구는 자회사를 소유한 모회사의 주식에 대한 소유권을 포함하지 않는다고 해석된다.[5]

목적 지향적 해석을 하는 판사라면 반대의 결론을 내릴 것이다. 동일 사건에서 반대의견을 제출한 재판관들은 다음과 같은 논리를 적용하였다. 당해 법상 관할권 조항의 목적은 외국 정부가 소유한 회사를 피고로 한 사건을 연방법원으로 송치하도록 하려는 것이다. 그러므로 이 법에 의하여 외국 정부는 때로 주 법원 사법 체계에 결여된 연방 절차의 보호를 받을 수 있다. 이러한 목적에서 판단할 때, 의회나 의회의 합리적 구성원인 의원이 "모회사를 통하여 활동하는 외국에 보호 혜택을 부여하면서, 예를 들어 전부를 소유한 자회사를 통하여 활동하는 외국에 동일한 보호를 거부할 이유가 무엇이겠는가?" 이 물음에 정답은 없는 것이다. 동시에 반대의견에 의하면, 문자적 텍스트에 더욱 충실한 해석은 기업의 사업 분야 조직을 불필요하게 복잡화할 가능성이 있다. 즉, 그러한 작업에 종사하는 이들이 하나 혹은 둘 이상의 단계를 거쳐 정부 사업을 조직할 것인지를 결정할 경우, 법적 관할권 요소와 같은 비사업 영역의 새로운 요인을 고려할 수밖에 없게 되는 것이다. 이는 불필요한 과정이다. 반대의견을 제출한 재판관들은 법문 자체의 언어에서 그들의 목적 기반적 해석이 허용되어야 한다고 생각한다. 비슷한 사안에서 홈즈 판사가 언급하였던 다음과 같은 내용에 의존하면서 말이다. 즉, 목적 기반의 해석이 "회사와 그 구성원들 간 차이를 무시하는" 것은 아니다. 이는 단지 의회가 의도하였던 자유로운 방법으로 "소유권"이라는 용어를 쉬운 말로 해석하는 것일 뿐이다.[6]

두 번째 사건*

중재에 대한 사법부의 반감을 해소하기 위하여 제정된 연방 중재법(Federal Arbitration Act)에 의하면, 주 법원을 포

....

* 서킷시티 회사에 구매상담사(sales counselor)로 채용된 아담스의 고용계약에는 향후 발생할 모든 고용상 분쟁을 조정을 통해 해결하도록 하고 있었다. 입사 2년 후 아담스가 캘리포니아 주법원에 회사를 상대로 고용상 차별을 이유로 한 소송을 제기하였고, 이에 회사가 주법원 소송 절차 중지와 연방중재법(Federal Arbitration Act)상 중재 명령을 구하는 소송을 연방법원에 제기하였던 사건이다. *Circuit City Stores v. Adams*, 532 U.S. 105(2001).– 옮긴이

함한 모든 법원은 계약에 명시된 중재 조항을 반드시 집행하여야 한다. 실제로 헌법 상거래조항에 의하여 의회에 부여된 통제권의 범위 내에 있는 모든 계약에는 이러한 조항이 들어가 있다. 연방 중재법은 "선원, 철도 근로자, 혹은 기타 국제 또는 주 간 상거래에 종사하는 근로자 집단(or any other class of workers engaged in foreign or interstate commerce) 고용 계약"이 들어간 중재 조항에 대해서는 예외를 두고 있다. 여기 한 소매상과 근로자가 중재 조항을 포함한 일반 고용계약을 체결하였다. 적용 예외에 해당하는 고용계약이 아닌 한, 중재법은 적용되고 주 법원은 반드시 조항을 집행하여야 한다. 소매상에 고용된 근로자가 "기타 근로자 집단(any other class of workers)" 조건에 합치해야만 예외에 해당하는 것이다.

텍스트 중심 접근 방법을 채택한 연방대법원 다수 의견은 "기타 근로자 집단"이라는 용어에 소매상에서 일하는 근로자는 포함되지 않는다고 결정하였다. 즉, 이 연관적 어구는 명확하게 지칭된 "선원"과 "철도 근로자"의 의미에 따르는 것이라 지적하였다. 제정법 해석의 규칙인 동종한정의 법칙(*ejusdem generis*)에 의하면, 만약 "일반 용어가 제정법에서 열거되는 특정 용어 뒤에 따라 나올 경우" 법원은 "일반 용어"를 "전치하여 열거된 특정 용어의 본질과 유사한 대상"을 나타내는 것으로 해석하여야 한다. 또한 소매상 근로자는 선원이나 철도 근

로자와 유사하지 않다.[7]

다수의견은 다른 관련 일반 용어인 "상거래에(in commerce)"라는 말에서도 근거를 찾아냈다. 이 용어는 의회가 헌법상 상거래조항에 입각한 권리를 모두 사용하는 것이 아니라 제한적으로 사용하고자 한다는 의미를 표시하는 법률용어이다. 또한 다수의견은 "기타 근로자 집단"을 소매상 근로자를 포함하는 정도로 해석하는 것은 너무 넓기 때문에 제한적으로 해석하는 것이라 볼 수 없다고 하였다. 예를 들어 운수업 종사자로 제한하는 해석 정도가 의회의 상거래에 관한 권한에 대한 제한적 행사와 일맥상통한다는 것이다. 다수의견은 "상거래에"라는 용어가 법이 제정된 1923년도에서부터 사용되었던 것은 아니었다는 사실을 인정하였지만, 구법에서 넓게 이해하였던 전통이 해석 임무의 "불안정"을 야기하였을 것이라 추측하였다.[8]

반대의견에 의하면 "기타 근로자 집단"이라는 용어는 소매상 종업원을 포함한 모든 근로자를 가리킨다. 목적론적 접근방법에 기초하여, 의회가 예외를 둔 진정한 이유가 무엇이겠는지를 물으며 논지를 전개하는 것이다. 관련 상원 위원회에서의 진술을 토대로 한 입법 내력에는 고용관계에서의 조정이 일반 근로자에게 불이익을 줄 가능성을 두려워한 선원 노동조합이 조정법에 반대하였음을 확인할 수 있다. 이러한 반대에 대응하기 위하여 이 법의 주창자이자 법문 초안 작성자였던 미국 변호사협회는 고용 분쟁이 아닌 상거래 분쟁에서 조정이 이루어지기를 바랐던 것으로 증언하였다. "노동 분쟁"에 영향을 주는 데는 관심이 없다고 명확하게 말했던 것이다. 또한 증언에 참가하였던 미국 변호사협회 간부는 "존경하는 위원회가 그 위험에 대해 걱정한다면 다음과 같은 어구를 법안에 첨가하십시오. '그러나 여기에 적시된 어떠한 것도 선원, 혹은 주간 교역과 국제 통상에 종사하는 근로자 집단에 적용되지 않는다(but nothing herein contained shall apply to seamen or any class of workers in interstate and foreign commerce)'라고 말입니다"라고 덧붙였다. 당시 통상장관이었던 후버(Herbert Hoover) 또한 증언을 통해 이 생각에 동의하였다.[9]

만일 이 증언이 예외에 관한 목적을 적절하게 기술한 것이었고 기록상 다른 상반된 목적이 주장되지 않았다면, 모든 종류의 근로자를 예외의 요건에 포함하고자 하였던 의도가 의회에 있었던 것으로 이해할 수 있다. 의회가 예외에 포함하지 않고자 하였던 범위 내에서만 그 의도는 다른 주장과 타협이 가능한 것이었다. "상거래에"라는 용어의 경우 역시 사정이 같다. 왜냐하면 이 또한 의회가 입법한 1923년에는 사용되지 않은 용어이기 때문이다. 열거된 "선원, 철도 근로자" 또한 마찬가지이다. 결국 1923년 법원의 판단으로 인해서 의회가 그 상거래 권한, 특히 한 주에서 다른 주로 상품을 운반하는 운송업 종사 근로자에 관한 영역에서 한계가 있음을 실감하게 되었다. 의회는 이 법문을 통해 다음 사실을 강조하고 싶었을지도 모른다. 당시 가장 피해가 심각하였던 분야의 근로자 집단, 특히 법 제정을 걱정하여 심하게 반발하였던 집단인 선원들을 안심시키기 위해서 예외를 허용하였다는 사실 말이다. 시간이 지남에 따라 법원은 헌법의 상거래조항을 넓게 해석하기 시작하였고, 중재법 문언 또한 이 조항의 범위와 연관되어 있으므로 중재법의 효력 또한 확장해서 해석하였다. 의회가 유사 범위의 예외를 확장하는 것을 원치 않을 이유가 어디 있겠는가?[10]

제정법 해석에서 텍스트주의자들의 견해가 우세하다는 사실이 심각한 문제인가? 결과적으로 주들은 대부분의 고용계약에서 중재 조항을 배제하지 못한다. 어떤 이들은 이러한 결과가 좋은 현상이라고 주장한다. 노동 중재는 노동위원회의 규율 범위에 해당하는 모든 영역에서 지금까지 잘 작동되었다. 노동위원회에서는 노동 분쟁이 일반적으로 기타 법적인 이유에 근거한 중재 절차를 통해 해결된다. 다른 이들은 반대로 주장할지도 모른다. 그러나 만일 법 규정의 인간적 목표를 찾으며 거기에 신뢰를 부여하려는 노력으로 해석의 절차를 이해하는 사람이라면, 이 결과를 어떻게 받아들일 수 있을까? 가용한 유일한 증거는(이것이 유일하다고 말하고 싶다) 다음과 같다. 법 제정 당시에 의회 구성원들은 상업 계약의 조정과 관련하여 한 가지 문제점을 발견하였다. 그들은 그 문제점의 범위 내에 존재하는 법에서 구체적 문제를 해결하려 한다. 즉, 의도적으로 중재법의 적용 범위에서 노동 계약을 제외하는 것이다. 하지만 그동안 연방대법원은 법의 범위를 확장하는 견지를 취하였다. 이로 인해 본래 의회 구성원들이 그들의 의도와 열망대로 제외되어야 한다고 여겼던 부분까지 현재는 규율하고 있는 것이다.

세 번째 사건*

연방 인신보호(habeas corpus)에 관한 법률은, 주 재소자가 연방 인신보호절차를 이용하고자 할 경우 적용되는 청구 시

....

* 셔먼 워커는 연방 인신보호법(28 USC 2244(d)(2))에 의거하여 연방 구속적부심을 신청하였다. 이 법에는 주 법원 선고 후 1년 이내로 되어 있는 연방구속적부심 청구기간에 대하여, 그 시효의 정지 사유로 "주법원에서의 선고후 심사 혹은 기타 부수적 심사(application for State post-conviction or other collateral review)" 청구를 들고 있다. 이 사건의 쟁점은 주법원이 아닌 연방법원에 구속적부심을 신청한 경우도 "기타 부수적 심사"를 청구한 것이 되어 이러한 시효 정지사유에 해당하는지 여부였다. 연방과 주 사이의 관할을 정확히 알지 못하는 주 재소자들이 무심코 연방절차를 신청하여 귀중한 시효 기간을 흘려보내는 경우가 많았으므로, 이를 시효중단사유에 넣어줄 것인지 여부는 그들에게 상당히 중요한 문제였다. *Duncan v. Walker*, 533 U.S. 167(2001).－옮긴이

효에 관하여 모호한 태도를 취하고 있다. 주 재소자는 일반적으로 주 법원의 최종 유죄 선고가 있은 후(after his state court conviction becomes final) 1년 내에 연방 절차를 청구해야 한다고 규정되어 있는 것이다. 그러나 당해 법률에 의하면 "적법하게 제기된, 주 법원에서의 선고 후 혹은 기타 부수적 심사 청구"*가 진행되는 동안에는 시효가 정지된다고 규정되어 있다. "기타 부수적 심사"라는 용어에 연방법원에 먼저 청구된 구속적부심사청구가 포함되는가? 1년의 시효 기간은, 예를 들어 어떤 주의 재소자가 주에서의 모든 구제 방법을 거치기 이전에 실수로 연방법원에 적부심을 청구한 경우에도 정지되는가?[11]

매우 기술적인 문제이므로 의회에서는 어느 누구도 이 문제에 대해 생각해 보지는 않았던 것 같다. 하지만 이는 중요한 문제이다. 전체 연방 구속적부심의 절반 이상이 이와 연관된 종류의 문제이다. 즉, 주 재소자들이 활용 가능한 주 구제 절차의 혜택을 누려 보기 전에 섣불리 연방 적부심을 신청해 버리는 것이다. 이러한 경우 연방법원은 보통 심사 청구를 기각하고 주 법원으로 돌려보내, 다시 연방법원의 인신보호 절

....

* properly filed application for State post-conviction or other collateral review. 항소심 등 최종 유죄확정판결이 끝난 이후 소송 내용과 관련 있는 사안, 예를 들어 변호인의 윤리규정 위반 등을 이유로 다시 원심법원에 청구하는 심사이다. – 옮긴이

차를 청구하기 전까지 남은 주 절차를 이행하게 한다. 하지만 만일 첫 번째 연방 구속적부심이 제기된 동안 1년의 시효가 정지하지 않는다면, 다시 연방법원에 청구하기 전에 이미 1년이 지나가 버릴 수 있다. 즉, 기간 도과로 연방 절차를 청구할 수 없게 되는 것이다.[12]

이 법 내용을 문자 그대로 읽는다면 위 현상이 바로 의회가 의도했던 바라고 볼 수도 있다. 즉, 1년의 제소기간은 오직 주에서의 부수적 심사 (혹은 유사) 절차가 진행 중일 때만 정지한다는 것이다. 그리고 기타 다양한 언어적 문법구조 규칙에 따를 때에도 이러한 이해가 가능하다.[13]

그렇지만 언어 중심의 접근 방법이라 하여 다른 대체적인 해석, 즉 그러한 청구가 "기타 부수적 심사"의 범위 내에 속한다는 해석을 완전히 차단하는 것은 아니다. "주(State)"라는 용어가 "유죄선고 이후의 심사(post-conviction review)" 부분을 수식하고 있는 것으로 이해할 수도 있다. 이렇게 이해한다면 "기타 부수적 심사" 부분은 연방 절차를 지칭하는 것으로 볼 수 있게 된다. "적법하게 제기된(properly filed)" 부분은, 다른 구제 방법을 "모두 거쳤는지(exhaustion)"와 같은 주요한 구제책의 문제를 지칭한다기보다, 순수하게 절차적인 제기 요건을 가리키는 것으로 해석할 수 있다.[14]

그 이유는 무엇일까? 연방의회의 합리적인 의원인 가상

의 입법자를 다시 상정해 보자. 그는 어떤 해석을 선호할까? 만일 이러한 문제점을 감안하였다면 어떤 해석을 회피하였을까? 텍스트주의적 해석 결과를 예상해 보자. 이에 따르면 실수로 너무 일찍 연방 절차를 제기한 대부분의 많은 주 재소자들이 연방 인신보호의 문을 두드릴 수 없게 된다. 하지만 모든 재소자들이 그런 것은 아니다. 1년의 가능성이 여전히 존재하는가 여부는 대부분 연방법원이 그 선부른 제기를 기각하는 데 얼마나 많은 시간을 소요하는가에 달려 있다. 법원이 신속하게 판단해 준다면 그 짧은 시간 동안 잘못된 연방 절차는 별다른 문제가 되지 않을 것이다. 하지만 1년 제소기간이 도과하는 동안 연방법원에서 상당한 시간을 지체하게 된다면 주 재소자는 연방 인신보호 절차라는 의미 있는 기회를 잃게 되는 것이다. 반대로 주 법원에 제기하는 재소자의 청구 절차는 지연되더라도 문제가 되지 않는다. 주 절차가 제기되는 동안에는 언제나 1년의 시효 기간이 정지되는 것으로 법에 규정되어 있기 때문이다.

이제 왜 합리적인 입법자라면 이러한 결과를 원할 것인지 그 이유를 살펴보자. 행여 주 재소자들이 그동안 너무 많은 청원을 제기함으로써 연방 소송을 남발하였다고 믿고 있을 수도 있다. 하지만 문언 해석 방법을 통해 드러날, 청구가 접수된 재소자들과 접수되지 않은 재소자들 간의 구별, 즉 본질적으로 연방법원 절차의 지연으로 인해 야기되는 구별은 임의적인 것으로, 그것이 소송을 남발하려는 목적과 연관되어 있다는 증거는 찾아볼 수 없다. 우리 입법자가 합리적이라면, 아무리 그 남발을 염려하였더라도 연방 인신보호 절차(Great Writ)에의 접근권을 임의적으로 거부하는 쪽을 과연 택할까? 헌법상 인신보호 절차의 보장의 부여를 포함한 우리의 전통을 생각한다면 그 대답은 '아니오'가 될 것이다. 텍스트 중심의 접근법을 택하는 사람들이라면 다르게 대답할까? 그렇지 않다고 생각한다. 하지만 내가 이러한 접근에 반대하는 진정한 이유는, 텍스트 중심의 접근이 이러한 문제제기 자체를 용납하지 않기 때문이다.[15]

내가 지금까지 세 가지 예를 제시한 이유는 판사들이 제정법을 해석하면서, 오직 텍스트와 텍스트 보조 자료에 너무 심하게 의존하는 현상 속에 숨어 있는 위험성을 드러내기 위함이다. 또한 법 해석상 어려운 문제가 발생할 경우, 문제된 법문을 통해 의회가 행하고자 한 역할을 찾게 해 줄 입법 내력이나 다른 형태의 참고자료를 배제하지 않으면서, 법원이 법 목적에 최대한 주의를 기울이는 편이 좋다는 점을 주장하기 위해서이다.

우선 첫째로, 여러 밀접한 사건에서 문법 규칙과 기타 언어적 해석의 보조 자료에만 거의 절대적으로 의존한다면 헌법의 민주주의 목표를 훼손할 수 있다. 위임 민주주의에서 입법이란 (입법자가 스스로를 제안된 법률 각각에 대하여 유권자가 느끼는 바를 해석하는 사람으로 여기는 한) 직접적으로 혹은 (입법자가 스스로를 공적 이익으로 파악된 바에 적합하게 투표하도록 위임된 권한을 행사하는 사람으로 여기는 한) 간접적으로 인민의 의지를 구현하기 위한 것이다. 어떠한 쪽이든 입법자의 의지를 실천하고자 하는 법을 해석하는 것은 공공의 의지를 실천하는 데 일조할 것이며, 따라서 이는 헌법의 민주주의 목표와 일치하는 것이다. 유사한 이유로, 법률의 목적을 훼손하는 해석은 곧 헌법적 목표를 훼손할 위험이 있다.

나는 다음 사항을 인정한다. 만일 법원이 그들의 규칙을 완전히 일관되게 적용한다면, 혹은 입법부의 법 초안 작성자가 그러한 규칙을 완전히 숙지하고 있다면, 그리고 연방의회가 그들 초안 작성자들의 작업에 지속적으로 의존하고자 한다면, 또한 동일한 언어 관습이 모든 이들에게 비슷하게 알려져 있고 사용된다면, 그러한 관습에 의존하는 것 그 자체로 의회의 목적론적 해석이 가능하게 될 것이다. 그러나 존재하는 현실 속의 우리는 특정 상황에서의 의회의 목표를 가장 잘 확인할 수 있는 모든 수단을 동원하여야 한다.

"합리적 입법자"를 가정하면 입법부의 책임 또한 고양할 수 있다. 보통 시민들은 일반적 목적의 견지에서 사고한다. 그들이 선출한 입법자들의 사고방식 또한 비슷하게 이해한다. 지지하는 특정 법률이 일반적 목적에 부합하는지를 보통 시민에게 결정하도록 하는 것은 불가능하지 않다. 특정 법률을 제정하는 와중에, 입법자가 도달하여야 할 일반적 목적이 무엇인지를 보통 시민에게 결정하도록 하는 것은 불가능하지 않다. 보통 시민에게 입법자를 적절히 심판하도록 하는 것 또한 가능하다. 하지만 해석을 위한 언어적 규칙의 작동을 보통 시민에게, 혹은 일반 입법자에게 이해하도록 하는 것은 불가능하다. 그리고 법원이 그들만의 아주 폐쇄적인 해석규칙을 바탕으로 법 목적을 도외시한 해석에 다다른 경우 야기될 결과를 근거로, 일반 시민들이 선거를 통해 결정하도록 하는 것도 불가능하다. 만일 대중 일부가 중재법을 보통의 고용 계약에 적용하는 것을 마음에 들어 하지 않는다면 과연 누구를 비난하여야 하는가?

우선, "합리적 입법자" 접근 방법은 현재 효력 발생의 대상이 되는 사람들에게 법이 더욱 잘 기능하리라는 뜻을 담고 있다. 법이란 생활과 연관되어 있는 것이다. 법률이 그렇게 연관된 방식을 이해하지 못하면, 법을 통해 혜택을 부여하고자 하는 인간 행동 그 자체의 권위를 떨어뜨리게 된다. 텍스트 중심 접근, 해석규칙 중심 접근에 더 기울면 기울수록, 예를 들면 외국 주권 면제 관할권에 관한 법률을 텍스트와 해석규칙에 근거하여 해석할 경우, 이 법 관할권의 근본 목적을 저버린 채 단계적 소유 구조의 회사를 이용하는 외국 정부가 연방법원에 접근할 권한을 박탈할 것이다. 인신보호법률에 대한 텍스트주의적 접근방법은 개인의 기본적 자유에 대한 우리 믿음에 역행하며 법원에 청구할 기회를 임의로 차단한다. 또 한 가지 이유는 텍스트주의로 인하여 판사들이 '의회가 그러한 결과 발생을 야기할 법률을 제정한 이유는 무엇일까?'라는 목적 중심의 질문을 던질 기회가 없어지기 때문이다.[16]

요컨대, "합리적 입법자" 접근 방법은 헌법의 민주주의 목표를 실천하기 위한 효과적 수단인 것이다. 이 접근법은 특정한 목적을 달성하고자 하는 대중의 일반적 욕구가 있을 때, 입법자들이 그러한 목적을 입법화하려는 노력을 통해 일련의 법률 용어로 손쉽게 옮김으로써 대중의 일반적 목적을 실천하는 것을 가능하게 한다. 나는 지금까지 헌법 제정자들이 집단적 숙의를 통해 결정될 공적 의지를 건전한 공공 정책으로 더 잘 승화시키기 위하여 헌법상 정부 기제를 복잡하게 만들었다고 주장하였다. 법원도 이러한 메커니즘의 일부를 구성한다. 또한 법원의 판단을 위해 "합리적 입법자의 의지"를 원용하는 것도—때로는 그것이 허구일지라도—제정법을 전반적인 공공 정책 목표를 위한 수단에 일치시키는 데, 즉 대중의 의지를 건전한 정책으로 승화하기 위한 일치의 과정에 공헌한다. 텍스트에 대하여 지나치게 문자적으로 이해하는 태도야말로 이 작업을 방해하는 주된 장본인이다.

행정법

마지막 예는 앞서 연방주의를 다룬 장에서 논하였던 주제로서, 모든 근대 민주주의에 공통된 질문으로 되돌아온다. 우리는 정부에 대한 민주적 통제를 전문성이 중심이 된 현대적 삶의 본질과 어떻게 조화시킬 수 있을까? 전자는 시민이나 선출된 대표에 의한 의사결정을 요하고, 후자는 행정가나 전문가에 의존한다. 만일 우리가 전문가들에게 너무 많은 의사결정 권한을 위임한다면 행정과 민주주의는 충돌하고, 우리는 통제력을 잃어버리게 된다. 하지만 너무 적은 권한을 위임한다면 민주주의의 기능이 약해질 것이다. 현대 대중사회에서 민주적으로 선택된 우리의 목적을 이루기 위해서는 민주적 의사결정이 아닌 행정적 의사결정, 즉 일정 정도의 행정기능이 필요하다. 발달된 과학기술 사회에서 그러한 민주적 목적을 달성하기 위해서는 전문 지식이 필요하다. 일반 시민들은, 예를 들어 환경과 에너지, 커뮤니케이션과 현대적 무기체계 등과 연관된 기술적 사안을 이해하는 데 필요한 시간 여유와 지식, 경험을 가지지 못한다. 전문가들에게 맡기지 않고는, 의지는 있으나 전문성이 없는 대중은 이를 달성할 방법이 없다. 대중도 이 사실을 알고 있다. 군부대가 다음 고지를 어떻게 점령할지를 투표로 결정하려는 사람이 어디에 있겠는가? 헌법 제정자들도 이런 가능성을 염두에 두고 실효성 있는 민주주의, 즉 공공의 이익을 위해 최적으로 작동하는 민주적 절차를 만드는 데 심혈을 기울였다.

민주적으로 선택된 목표와 행정적 전문성 간에 조화를 이루기 위해서는 과하지 않고 적절한 선에서 양자의 균형을 맞추는 것이 필요하다. 이 균형을 달성하면 민주주의와 행정 간의 충돌도 피할 수 있다. 즉, 행정이 입법적으로 결정된 일반 정책 목표를 수행함으로써 민주주의를 보충하게 되는 것이다. 이 균형은 어떻게 이룰 수 있을까? 이것은 미스터리이다. 놀랄 일도 아닌 것이, 헌법은 이 임무를 일단 입법부의 손에 맡겨 놓았다. 입법의 작품인 제정법은 여타 문제들과 같이 이 점에 있어서도 법원의 해석 대상이 된다. 또한 이 지점에서 행정법도 제 역할을 발휘할 수 있다. 고전적으로 이해되는 방식에 의하면, 행정 기관과 전문가들에게 그 의사결정을 언제, 어떻게 위임할 것인지에 관한 입법자의 선택을 실행하는 데 행정법의 역할이 필요하다.

이하에서는 이와 관련된 행정법 원리인, 행정청의 제정법 해석에 대한 사법적 "존중" 원칙에 중점을 둘 것이다. 이 원리는 판사들과 행정청이 동일한 제정법 조항을 해석하려 할 경우, 유용하게 쓰일 수 있다. 판사는 행정청이 당해 행정행위의 근거로 삼는 법 조항을 해석하는 방식에 큰 비중을 두어야 하는가? 만일 그렇다면, 어떤 경우에, 그리고 왜 그러한가? 쉐브론 USA 대 천연자원 보호 위원회 판결*에서 연방대법원은 판사가 모호한 법조항에 대한 행정청의 합리적 해석을 존중하여야 한다고 결정하였다. 즉, "의회가 제정한 프로그램을 집행

....

* 이 사건은 1977년 개정 대기정화법(Clean Air Act)에 규정된 주요 "고정 오염원(stationary source)"의 의미에 관한 해석 문제였다. 개정법에서 고정 오염원의 건설, 변경에 강력한 허가요건을 부과하였고, 실행기관인 연방 환경청은 이 고정 오염원의 의미를 해석하면서 규칙을 통하여 처음에는 "대기오염물질을 방출하는 총체적 설비의 일부분에 해당하는 신축 혹은 변경 건축물 및 설비"라고 정의하였다가, 다음해에 이 설비의 범위를 공장단위로 한정하여 하나의 공장 내에 새로운 시설을 건축하거나 변경하고자 하는 자가 공장 안의 오염 물질을 상쇄함으로써도 허가를 받을 수 있도록 변경하였다. 이와 같은 해석에 대한 환경단체의 행정소송에서 연방대법원은 환경청의 규칙을 "법률 용어에 대한 합리적 해석"으로 보고, 입법목적에의 적합성 판단 방법은 행정청의 태도를 먼저 존중하는 것으로 시작된다고 보았다. *Chevron USA v. Natural Resources Defense Council, Inc.*, 467 U.S. 837(1984).–옮긴이

하는 행정청의 권한에는 정책을 형성하는 것뿐만 아니라, 의회 입법 과정에서 직·간접으로 생긴 공백을 메울 규칙을 만드는 것 또한 반드시 포함되어야 한다"고 판시한 것이다. 또한 "법원은 행정청 담당자가 당해 법 조항에 대하여 합리적으로 행한 해석을 법원 고유의 해석으로 대체하지 말아야 한다"는 점도 밝혔다. 내 동료 판사인 스칼리아(Antonin Scalia)가 말한 바에 의하면, 쉐브론 판결은 다음과 같은 조건이 아닌 한 "권위 있고 합리적인 행정 기관의 지위"를 존중하라는 명령으로 보인다. 그 예외 조건으로는 첫째, "법 자체가 모호하지 않아서 행정청의 해석이 개입될 여지가 없는 경우", 둘째 "법 집행의 책임 있는 행정청 담당자가 해석을 시도한 적이 없는 경우", 셋째, "그러한 책임자가 제시한 합리적인 해석이, 전문 행정청의 공식적인 대표의 지위에 있지 않다는 의미에서 권위를 가지지 아니한 경우" 등이다.[1]

예를 들어 노동관계법률에 의하여 어떤 연방 행정청이 그 근로자들의 단체협약 대표자와 "만나서", "단체협약의 합의에 이를 목적으로 성실히 협상에 임하여야" 하는 경우를 생각해 보자. 이 규정에는 언제 그 성실한 협상이 이루어져야 하는지 나타나 있지 않다. 예를 들어, '5년 계약 중의 3년차 해'와 같은 새로운 중요 상황이 발생한다면 행정청이 재협상에 나서야 하는지를 이야기하고 있지 않은 것이다. 법상의 언어가 모호하다. 또한 이 문제에 대한 '예', '아니오', 혹은 '상황에 따라 다르다' 등의 답이 모두 그럴 듯하게 보인다. 따라서 쉐브론 판결에서 수립된 규칙에 의하면 판사는 행정청 고유의 법적 해답에 따라야만 한다. 법원이 아니라 행정청이 제정법의 의미를 결정하는 것이다.[2]

판사들은 쉐브론 규칙이 의도하는 바가 얼마나 절대적인지에 대하여 일치된 의견을 가지고 있지 않다. 그것이 사법부에 의해 형성된 절대 규칙인가? 그 해석규칙을 어떻게 받아들여야 할까? '위임'이라는 것의 민주적 기원과 목적에 관한 논의로 돌아가는 것이 이 문제에 대한 답을 찾는 데 도움을 줄 것이다.

쉐브론 판결의 이면에는 무엇이 존재하고 있는가? 판결 근거는 무엇인가? 그 해답에는 일부 실용적인 측면이 있는 듯하다. 제정법의 모든 가능한 적용 형태를 예상할 수 있는 사람은 아무도 없다. 입법에 모호함과 공백이 발생하는 것은 피할 수 없다. 법을 집행하는 행정청은 서로 다른 법 해석 방법에 따라 실제로 나타나는 결과의 차이, 의회의 목적과의 부합성, 행정상 난점, 국민에게 발생하는 결과 등을 더 잘 이해하고 있을 것이다.

그러나 그 해답이 전적으로 실용적이지만은 않다. 역동적 자유 원리 또한 중요한 역할을 하는 것이다. 민주주의 관점에서 보았을 때, 쉐브론 판결은 의회에 대한 중대한 질문, 즉 이 법에서 의회는 어떻게 민주적, 행정적 균형을 유지할 수 있는가의 문제에 판사가 적절한 답을 찾을 수 있게 해 준다. 의회는 법원이 행정청의 고유한 해석 관점을 존중하기를 의도하였는가? 아니면 해석적 결정 권한을 행정청에게 위임하지 않기를 (그리하여 여타의 법률처럼 법원이 맡아 처리하도록) 바랐는가? 연방의회의 어느 누구도 이 문제에 대해 실제 생각해 보지 않았을 수 있다. 하지만 판사는 합리적인 입법자라면 그 문제를 떠올렸을 때 과연 어떻게 대답하였을지 여전히 질문해 볼 수 있다. 입법 의도와 조건을 고려하였을 때 가상의 입법자를 상정한다면 이 상황에서 과연 사법부의 존중을 원하였을 것인지의 여부 또한 질문해 볼 수 있다.

이 문제를 연방의회 의원의 의도에 관한 질문으로 바꾸어 표현하는 것이 중요한 것인가? 보통 그렇게 묻게 되면 현실적인 상황 판단만으로 얻을 수 있는 바와 동일한 대답에 이르지 못하는 것일까? 어쨌든 합리적인 의회의 구성원이라면 제정법이 원활하게 작동하기를 바랄 것이다. 또, 원활한 작동을 확실하게 보장하는 데 해석이 중요한 역할을 한다는 사실을 알고 있을 것이다. 대부분의 경우에 판사들이 해당 행정청보다 관련 전문지식을 덜 가지고 있다는 사실 또한 실감하고 있을 것이다. 따라서 이들 구성원은 결론적으로 연방대법원의 쉐브론 판결처럼 일반 판사들이 행정청의 적절한 해석 견해에 귀를 기울여야 한다고 주장하였을 것이다. 만일 법 조항이 모호하다면, 법원은 그에 대한 행정청의 합리적 해석을 존중하여야 한다. 그리하여 이렇듯 행정청에 대한 존중에서 비롯한 해석 결과가 실제와 동일하다면 가상의 의회 구성원을 굳이 끌어들어야 할 이유가 있을까?

그러나 역동적 자유 이론에서 보면 이는 심각한 문제이다. 사실, 이에 따르면 쉐브론 규칙은 절대적인 것이 아니라 단지 경험적 방책의 하나일 뿐이다. 모호한 법 조항에 대한 행정청의 합리적 해석을 존중하는 것은 일반적으로 이해할 수 있다. 하지만 항상 그렇지만은 않다. 예를 들어, 국가적 중요도 문제의 맥락에서 법규의 모호성이 발생한 경우를 생각해보자. "작업 감독자(foreman)"를 연방 노동관계법(National Labor Relations Act) 제2조상의 "근로자(employee)"로 보아, 법의 보호범위 밖에 두어야 할 것인가? "연령"에 기초한 고용차별을 금지하는 이 법은 고령 근로자들에 대한 차별 금지와 별도로 저연령 근로자들에게도 차별을 금지하고 있는가?* 합

....

* 탱크, 전차 등을 생산하는 무기업체 제너럴 다이나믹스는, 1997년 7월 1일을 기준으로 50세 이상의 퇴직 근로자들에게만 건강보험혜택을 부과하겠다는 내용의 단체협약을 두고 있었다. 여기에 대해 이 회사의 근로자인 클라인이, 이 협약규정이 연령

리적인 가상의 연방의회 구성원이라면 규율 기관인 행정청에 이렇듯 중대성을 지닌 문제에 관하여 판단하도록 위임하였을까? 입법상의 용어에서 비록 모호하기는 하나 의회가 스스로 결정하였을 법한 문제를 다루고 있을 경우에는 언제나, 우리의 작품인 합리적 구성원은 법원이 행정청의 의견에 좌우되지 않도록 하는 우리의 결론을 끌어 낸다. 이러한 문제를 그간 연방대법원이 다루었던 방식 또한 그러하였다.[3]

다른 예를 들어보자. 행정청이 내부 절차 매뉴얼, 보도자료, 혹은 하급 공무원이 작성한 문서 등의 비공식적인 방법으로 그 견해를 피력하였다고 가정하는 것이다. 이러한 행정청의 견해는 어찌 되었든 해석 작업에서 중대성을 가지는 것인가? "연방의회의 합리적 구성원"에 의한 접근법에 따른다면 법원은 특정 종류의 법률과 문제된 상황에서 특정 행정청의 해석을 존중하는 것이 이치에 맞는지를 따질 것이다. 그리고 그 답은 우리의 판결들과 거의 비슷하게 '예'가 될 때도 있고 '아니오'가 될 때도 있다.[4]

이와 같이, 절대적 규칙이 아니라 경험적 방책으로서 쉐

....

에 근거한 차별이라며 회사를 상대로 고용상 연령차별금지법(Age Discrimination in Employment Act of 1967)에 근거한 소송을 제기하였던 사건이다. *Gen. Dynamics Land Sys. v. Cline*, 540 U.S. 581(2004).-옮긴이

브론 규칙을 다루게 되면, 행정청, 변호사, 판사들의 일상이 복잡하게 바뀔 수 있다. 하지만 특정 상황을 통해 접근하기 때문에 구체적이고 한정된 범위에서 분명한 법적 해답을 얻을 수 있다. 그러한 대답은 절대적이고 포괄적인 해석규칙에서 나오는 답보다 더욱 이치에 합당할 수 있다. 중요한 점은, 이것이 민주주의 관점과 잘 어울린다는 것이다. 모든 가능성을 다 따져 보더라도, 합리적 연방의회 구성원 가정은 이 위임-존중의 문제를 제정법이 제정 목적을 더 잘 달성할 수 있도록 하기 위하여 결정한 장치였음을 추측할 수 있다. 또한 제정 목적은 대체로 대중의 일반 욕구를 반영하고 있다. 따라서 이러한 가상적 추론 방법은 해당 법률 용어의 기능적, 민주적 의미에서 모두, 법운용을 더 원활하게 하는 역할을 하는 것이다. 그리고 그 와중에, 의회와 함께 의회가 법 집행의 임무를 통해 규율하고자 하는 대상 모두에게 미치는 결과로서의 책임을 대중에게 더욱 쉽게 부과할 수 있다.

"합리적 입법자" 개념을 사용할 실제적 필요와 민주주의의 이론적 근거는 서로 결합한다. 가상적 상황을 설정함으로써 대중이 그 일반적 의도를 실천할 수 있는 법을 가지고자 하는 욕구를 법 자체에 반영할 수 있게 된다. 역동적 자유는 행정법의 원활한 작동을 위한 민주적 논거를 제공하는 것이다.

요약

내가 제시한 여섯 가지 예는 표현의 자유, 연방주의, 프라이버시, 적극적 평등 실현조치, 제정법 해석, 행정법에 대한 사법심사 등 서로 다른 법 영역에 초점을 맞춘 것들이었다. 각각의 논의에서 선거자금, 환경규제, 과학기술 기반의 프라이버시 위험, 적극적 평등 실현조치, 입법 및 행정법 절차 등 현대 정부의 최신 문제를 다루었다. 나는 다양한 맥락에서 법원이 헌법의 민주주의적 기본 목표를 물음으로써, 헌법원칙을 형성하고, 경쟁하는 여러 헌법 가치와 타협하고, 사법적 개입의 적당한 시점을 찾고, 제정법의 모호한 부분을 해석하며, 행정청의 해석을 위한 여지를 만들어 두는 데 도움을 얻는 방법을 밝히고자 하였다. 구체적으로는, 헌법과 제정법의 텍스트, 역사, 구조, 선례 등의 모습으로 주어지는 복잡한 악보 연주를 담당한 판사로서 내가 역할을 다할 수 있는가의 문제를 다루었다. 나의 역할은 연방헌법의 민주적, 역동적 자유 목표에 세심한 주의를 기울임으로써 불협화음을 줄이고, 전체 기획을 더욱 충직하게 진행해 나가며, 인민의, 인민에 의한, 인민을 위한 정부에 재직하는 내가 (연방대법관으로서) 가지는 권력에 대한 강력한 정당화와 함께 실천하는 것이다.

다음으로, 분명히 말하건대 내가 더 깊은 주의를 기울여야 한다고 주장할 때, 그것이 새로운 헌법이론을 만들고자 함은 아니다. 내 경험상 대부분의 판사들은 헌법 사건을 포함하여 대부분의 사건에 매우 유사하게 접근하고 판단한다. 그들은 전문직업인이다. 전문직 훈련과 경험을 바탕으로 그들은 언어, 역사, 전통, 선례, 목적, 그리고 결과를 검토할 수 있다. 판사들이 가진 비슷한 법률 교육 경험과 전문직 경험을 생각한다면, 하나의 특정 사건에서 이들 요소를 서로 조합하여 적절한 결과를 양산하는 방법에 그들이 쉽게 동의하는 것은 전혀 놀랍지 않다. 심지어 동의하지 않을 때조차도 그 차이는 대부분 미미하다. 보통 다른 판사들이 동의하지 않는 영역에서 논의를 시작하는 우리 연방대법원은 전체 사건의 40퍼센트 정도를 만장일치로 결정한다. 나머지의 대부분에서도 반대의견은 한두 개 정도뿐이다. 우리가 5대 4로 나누어지는 경우는 전체 사건의 약 20퍼센트밖에 되지 않는다. 또한 의견이 나누어지는 경우, 같은 대법관들이 항상 같은 쪽에 있는 것도 아니다. 헌법 문제나 제정법 문제에서 언어, 역사, 기본 목적에 관하여 앞서 기술하였던 바와 같이 확정적이지 않은 경우는 극소수에 불과하다.[1]

나는 이러한 전문직업적 구조를 이미 주어진 것으로 간주하였다. 이러한 틀 안에서 연방헌법의 민주주의적 명령에 대한 더 깊은 이해와 강조를 주장하였던 것이다. 나의 주장이 논리적·과학적으로 확실한 경험적 논증에 의존하는 것은 아니다. 오히려 어떤 양식을 따르고 있는 여러 실례를 사용하였다. 보통의 전문 직업성에 바탕을 둔 사법적 접근 방식에 보충적으로 연방헌법의 민주적 목표를 더욱 강조함으로써, 미국인들이 법을 통하여 그들 정부의 현대적 문제점들을 더욱 잘 해결함은 물론, 전통 또한 충실히 지킬 수 있다는 사실을 그러한 양식으로부터 확인할 수 있다.

주요 반론

A SERIOUS OBJECTION

여기서 나는 내 주장의 요지를 확대하여 그것을 해석의 좀 더 일반적인 몇몇 문제와 연결하고자 한다. 지금까지 나는 일관되게 목적과 결과에 주의를 기울여야 한다고 주장하였다. 내 입장에서 보자면 특정한 기본 목적을 구현하고 있는 개개 헌법조항은 흔히 매우 일반적인 용어로 표현된다. 그와 같은 기본적이고 일반적인 목적을 전체적으로 실현하기 위해 고안된 문서로서 헌법전(憲法典)을 이해하는 것이다. 그러한 일반적 목적을 이해하고 강조함으로써 판사는 개별 규정을 더욱 잘 이해하고 적용할 수 있게 된다. 또한 내 입장에서는 결과를 이와 같은 민주적 목적에 대해 주어진 해석의 충실성을 가늠하는 중요한 척도로 받아들인다. 요컨대, 목적에 초점을 둔다는 것은 인민의 의지에 부합하는 헌법 및 제정법에 대한 해석을 주장함으로써 역동적 자유를 증진하고자 하는 것이다. 환언하자면, 결과를 강조함으로써 우리는 인민적 의지를 반영하는 실행 가능한 결과를 성공적으로 촉진할 것인가의 여부, 그리고 그 성공의 정도를 측정할 수 있다.

그러나 일부 법률가들, 판사들, 학자들은 목적(특히 추상적으로 규정된 목적)에 의존하고 결과를 고려하는 것을 강하게 경계한다. 그들은 판사들이 무엇보다도 텍스트, 엄격하게 파악된 헌법 기초자들의 최초 기대, 그리고 역사적 전통에 초점을 맞추기를 요구한다. 그들은 때로 결과와 (민주주의와 같은 일반적 목적을 포함한) 목적이 서로 연관성을 가진다는 점을 부인하지는 않지만, 판사들이 해석에서 결과나 목적을 고려하는 것을 삼가야 한다고 믿는다. 의사결정 과정에서 해석적 답변을 도출하는 경향을 가진 판사들은 당면한 문제를 재검토하여 언어, 역사, 전통, 그리고 선례가 그 자체로서 해답을 제공할 수 없다는 점을 깨달아야 한다는 것이다. 그들이 염려하는 것은 판사들이 실제적 결과에 호소하는 방식으로 법적 결론을 정당화하는 것에 한번 익숙해지고 나면, 너무 빈번하게 주관적·비민주적으로 행동할 것이고, 결국 좋은 정책을 향한 엘리트적 관점으로 건전한 법을 대체해 버릴 것이라는 점이다. 그들은 언어, 역사, 전통, 그리고 선례에서, 헌법이나 제정법이 원하는 바에 적합한 것이 무엇인지에 관한 판사들의 개인적·비민주적 개념 혼동을 예방하기 위한 주요한 안전장치를 얻을 수 있기를 희망한다. 또한 그들은 하위 법원을 비롯하여 다른 기관들을 지도할 규칙으로서, 명확한 법적 결론을 제시하여 주는 사법적 결정을 강조하는 경향이 있다.[1]

마땅히 (제정법에 관해서는) "텍스트주의(textualist)" 혹은 (헌법에 관해서는) "원전주의(originalist)", 또는 (두 가지 모두에 관해서 축약하면) "문언주의(literalist)"라고 불러야 할 이 관점은, 논리적으로 헌법의 민주적 목적을 강조하는 일관성을 가짐에도 불구하고, 내가 앞서 전개한 것과 같은 종류의 주장에 그리 호의적이지 않다. 또한 내가 든 예증과 쉽사리 조화되는 것도 아니다. 그런데도 이 관점이 나의 주장 전체를 무너뜨리지 못하는 까닭은 무엇일까?

내가 생각하는 해답은 그와 같은 해석적 접근이 가진 불만족스런 본질에 있다. 첫째, 더욱 "원전주의자"인 판사일수록 그 해석적 관점을 유지한 채로 헌법 기초자들에게 호소할 수 없다. 헌법 기초자들은 판사들이 헌법규정을 해석할 때 특별히 반드시 고려해야 하는 사항에 관하여 언급하지 않았다. 이는 제정법 해석의 경우에도 분명하다. 헌법 기초자들은 i) 언어적 원칙에 대단히 의존적인 해석체계를 ii) 제정법 입법자들의 의도를 발견하려고 하는 해석체계보다 더 직접적으로 선호하지 않았다. 연방헌법의 경우에 이는 명백한 사실에 가깝다. 헌법전에 권리장전을 포함시켜야 할 필요성에 대해서조차 동의하지 않았고, 권리장전 내용에도 동의하지 않았던 헌법 기초자들은 다가오는 세기에 권리장전을 해석하는 데 해석적 사유의 어떤 유파가 반드시 우위를 점해야 한다는 점에도 동의하지 않았다.[2]

내용 측면에서 볼 때, 헌법에 어떤 종류의 권리가 "열거"되어 있다고 하여 "인민이 보유하는 기타의 여러 권리를 부인하거나 또는 경시하는 것으로 그것을 해석하여서는 안 된다"는 점을 헌법 스스로 규정하고 있다. 베일린 교수는 헌법 기초자들이 이러한 구절을 덧붙였던 이유로, "권리는 법 자체의 속성과 같이 결코 고정·확정되어서는 안 된다는 점과, 새로운 위험과 필요가 발생하리라는 점, 그리고 이러한 위험과 필요에 대응하고 개인의 인격적 통합과 천부적 존엄을 보장하기 위하여 권리가 새롭게 구체화되어야 한다는 점"을 명시하기 위함이었다고 단언하였다. 내용이 이처럼 열린 목적을 본질로 가지는 것일진대, 왜 우리가 해석적 실무의 본질에 대하여 고정된 관점을 발견하고자 기대해야 한단 말인가?[3]

그러나 만약 문언주의자들의 해석 관행에 대한 정당화가 헌법 기초자들의 의도에서 발견될 수 없는 것이라면, 결과에 대한 호소, 즉 그러한 관행을 채택함으로써 장차 법이나 국가를 위하여 유익을 가져오리라 예측되는 결과에 대한 호소가 아닌 다른 어디에서 과연 발견될 수 있겠는가? 이것이 바로 우리가 발견한 논쟁 지점이다. 말하자면, 문언주의적 주장 자체가 자신들의 접근방식이 바람직한 결과를 낳게 될 것이라는 점을 보이고자 노력하곤 한다는 것이다. 예를 들어, 문언주의자의 접근방식에서는 판사들이 공공의 이익을 위한 것이 무엇인가의 문제에 대하여 헌법에 내재된 관점이나 의회의 관점을 자신들의 고유 관점으로 대체하지 못하도록 한다. 달리 말해, 문언주의자들은 해석에 대한 문언주의 접근방식을 심화함으로써 사법적 주관성을 더 잘 통제할 수 있다고 주장하는 것이다. 결국 그들이 개별 사건의 결과에 대한 고려를 삼가고는 있지만, 그 해석적 근거는 이처럼 중요한 의미에서 결과주의적이라는 것이다.

둘째, 나는 문언주의를 거부하는 판사들이 반드시 주관주의의 문을 열게 되는 것인지 묻고 싶다. 그들은 주관주의를 지지하지 않는다. 그들의 접근방식에는 객관주의의 중요한 보호장치들이 남아 있다. 그중 하나로서, 다른 무엇보다 결과를 강조하는 판사도 다양한 법적 선례, 규칙, 기준, 관행, 그리고 자신의 결정이 영향을 미치게 될 제도적 합의에 관하여 알고 있다는 점이다. 또한 이렇듯 법적으로 연관된 규칙, 제도, 그리고 관행의 구조가 세상에 미치는 영향의 방식까지도 감안하고 있다.

결과에 집중하는 법원이 법을 급진적으로 변화시키는 방식으로 사건을 결정할 수도 있음은 분명하다. 그러나 이런 결정이 항상 나쁜 것만은 아니다. 예를 들어, 19세기 말 연방대법원이 플레시 대 퍼거슨 판결*을 내린 후, "분리하였지만 평등하

....

* 흑백 갈등으로 촉발된 남북전쟁이 북부의 승리로 종결되었음에도 불구하고 이후 미국사회에서 여전히 만연하였던 인종차별을 연방대법원이 이 판결을 통해 공식적으로 승인하였다. 1892년 루이지아나주(Louisiana)는 기차에 흑인용, 백인용 칸을 따로 두도록 한 인종 분리 차량법(Separate Car Act)을 제정하였다. 1896년 백인용 칸에 탑승한 뒤 흑인용 칸으로의 이동을 거부한 플레시라는 흑인이 체포되면서 사건이 시작되었다. 연방대법원에서의 쟁점은 이 루이지아나 주법이 수정헌법 제14의 특권 및 면책조항과 평등보호조항을 위반하였는지 여부였다. 연방대법원은 7대 1로, 흑백을 분

다(separate but equal)"는 원칙하에 근본적인 인종분리를 허용하는 결과가 빚어졌다. 이후 이러한 인종분리가 평등이 아닌 소수인종 구성원에 대한 멸시를 의미하며, 결국 인종분리로 인하여 전적으로 불평등한 분열된 사회로 나아가게 된다는 점이 명백하게 드러났다. 이러한 결과는 수정헌법 제14조의 목적과 요구에 직접적으로 반대되는 것이다. 브라운 대 교육위원회 판결* 및 이후의 여러 판결에서 연방대법원은 플레시 규칙을 파

....

리한 차량을 만들어놓은 것은 차별에 해당하지만 양 쪽이 동일한 수량으로 되어 있으므로 평등조항에 위반하지 않는다는 판결을 내렸다. 이 판결은 그 유명한 "분리하였지만 평등하다는 원칙(separate-but-equal doctrine)"에 근거하였다. 다수의견은 헌법상 평등조항이 절대적인 평등을 추구하는 것은 맞지만 피부색에 근거한 차별을 완전히 종식시키라 명한 것은 아니었다는 해석을 폈다. 분리하였다고 하여 곧 차별은 아니라는 취지의 이 판결은 뿌리 깊은 인종차별을 사회 전반에 걸쳐 해소하기가 쉽지 않음을 보여주는 사례이며, 미국인들 사이에서도 연방대법원의 부끄러운 판결 중 하나로 꼽히고 있다. 연방대법원은 1954년에 가서야 브라운 판결을 통해 이 판결의 태도를 철회한다. *Plessy v. Ferguson*, 163 U.S. 537(1896).－옮긴이

* 미국 연방대법원 역사상 최고의 대법관 중 한 명으로 꼽히는 워렌(Earl Warren) 대법원장 시절의 판결로서, 역시 역사상 최고의 판결 중 하나로 평가된다. 플레시 사건 이래 지속되던 "분리하였지만 평등하다"는 원칙은 이 판결로서 연방대법원에서 사라지게 된다. 캔자스 주 토피카(Topeka)시의 흑인 어린이들은 백인 어린이들만이 다닐 수 있는 공립학교에 입학할 수 없었다. 이는 피부색으로 입학을 구분하도록 한 주법에 의한 것이었다. 당시까지도 캔자스 주를 비롯한 남부 주들에서 이러한 형식의 법이 만연하고 있었다. 인종이라는 요소를 제외하고는 교과목, 시설, 교사 봉급 등에서 흑인 학교와 백인 학교의 차이는 없었다. 연방대법원은 인종을 제외한 다른 요인에서 차이가 없다고 하더라도 공립학교에서 인종차별이 있다는 것만으로도 소수인종 학생들에게 부정적 영향을 줄 수 있음을 인정하고, 인종에 의한 학교의 분리가 수정헌법 제14

기하였고, 법은 다수의 삶에 심중하게 영향을 미치는 방식으로 변경되었다.[4]

어떤 경우든, 결과에 집중하는 것이 늘 제 스스로 극적인 법적 변화를 야기하는 것은 아니다. 결과를 고려하는 이들을 비롯하여, 판사는 법에 의존하여 계획을 세우고자 하는 인간적 바람, 즉 예측가능성과 안정성에 대한 요청을 알고 있다. 또한 법적 변화가 너무 급진적이거나 너무 자주 발생하게 되면, 그 결과로서 법과 연관된 인간적 바람을 만족시키지 못한다는 점 또한 이해하고 있다. 이와 비슷하게, 시간이 흘러감에도 일관성을 유지하고자 하는 판사의 개별적 바람 또한 판단의 주관성을 제약한다. 오코너 대법관이 설명하였던 바와 같이, 헌법적 쟁점에 관하여 판사가 내린 최초의 판결은 이후 판결에서 그가 거의 불가피하게 따를 수밖에 없는 "발자국"을 남기는 것이 된다.[5]

게다가, 결과를 고려한다는 것은 단순히 특정 판사의 견해를 따라 제출된 판결의 결과가 좋을 것인지 아니면 나쁠 것인지를 고려한다는 것이 아니다. 오히려, 문제가 된 특정 텍스

....

조에 보장된 평등 보호를 위반한 것이라 판결하였다. 이 판결을 계기로 미국에서 적어도 공립학교에서는 인종 분리의 관행이 완전히 사라지게 된다. *Brown v. Board of Education*, 347 U.S. 483(1954).– 옮긴이

트 조항과 관련한 결과에 역점을 둔다는 의미이다. 판사는 적절한 헌법적 가치 또는 목적이라는 렌즈를 통해 그러한 결과를 검토하여야 한다. 적절한 가치관은 해석 가능성을 한정한다. 만약 그것이 민주적 가치라면, 삼가거나 절제하는 태도와 잘 조화될 수 있을 것이다. 또한 법조문, 역사와 선례뿐 아니라 결과 또한 자신의 판결 방향에 영향을 미친다는 점을 판사가 솔직하게 인정할 때, 자신이 주관적으로 지지하는 가치를 결정적인 요소로 만들기보다는, 예컨대 헌법적으로 적절한 결과를 강조하도록 훈련될 가능성이 더 크다고 나는 믿는다. 이런 방식들을 통해, 결과에 집중하는 것은 그 자체로서 주관성을 제약한다.

이러한 여러 원리가 어떻게 적용되는지에 관한 예를 들어 보자. 수정헌법 제1조에는 "의회가 국교의 수립에 관한 법률을 제정할 수 없다(Congress shall make no law respecting an establishment of religion)"라고 규정되어 있다. 최근에 나는 반대의견에서, 이 조항에 기초하여 학부모들이 교구부속학교(parochial school)에서 자녀를 교육하는 비용을 보조하기 위한 정부의 바우처(voucher) 발행이 금지된다고 하였다. 그 기본적인 이유는 이 조항이 다른 어떤 사항보다도 "정부가 종교교육에 결부되는 경우 잠재적으로 발생할 사회적 갈등"을 피하고자 한다는 점이었다. 19세기와 20세기의 이민으로 50

개가 넘는 서로 다른 종교로 이루어진 국가가 탄생하였다. 이로 인해 18세기의 경험을 배경으로 한 헌법 기초자들이 예상할 수 있었던 것보다, 남북전쟁 이후 그리고 20세기 미국에서 "사회적 갈등"의 위험은 더욱 심화되었다. 20세기 연방대법원은 이미 이 사안에 적용할 수 있었던 선례에서 다음과 같이 주장하였던 적이 있다. 즉, 우리 사회의 변화하는 본성을 감안할 때 헌법 기초자들이 특정 조문을 작성하여 보호하고자 하였던 기본적 가치를 구현하기 위해서, 그 조문을 헌법 기초자들이 생각하였던 내용이라 여겨지는 것보다 더욱 확장하여 해석할 필요가 있다는 것이다.[6]

나의 의견은 다시 결과의 문제로 되돌아간다. 나는 바우처 프로그램이 광범위하게 채택되면 수조 달러의 돈이 종교계 학교들에 제공될 수 있을 것이라 하였다. 언뜻 보기에 이것은 좋은 아이디어로 보일 수도 있다. 그러나 그렇게 될 경우, 서로 다른 종교집단들의 관심사는 어떤 집단이 그 돈을 얻게 되며 또 어떤 방법으로 얻는가의 문제로 전환되지 않겠는가? 그 기준은 무엇인가? 프로그램은 어떻게 실행되어야 하는가? 특정 프로그램이 특정 종파에 대하여, 이를테면 특정한 종류의 교육을 금지하는 방식으로 편견을 가지고 운영되지는 않을까? 경쟁 관계에 있는 종파들이, 이를테면 "악법"에 대한 "시민불복종"을 가르침으로써 이에 관한 기준을 수립할 수 없게 되지 않을까? 돈에 대한 여러 가지 요구, 이를테면 한 종교집단의 돈에 대한 다른 종교집단들의 요구를 어떻게 재판할 수 있을 것인가? 나는 우리의 경우처럼 종교적으로 다원화된 사회에서 종교교육에 막대한 예산의 보조금 프로그램을 운영하는 것은 종교 간 갈등의 가능성을 높인다고 보았다. 나는 바로 이 점이 수정헌법 제1조의 종교 조항이 피하고자 하였던 종류의 문제라고 생각하였던 것이다.[7]

동일한 헌법적 관심, 즉 "사회적 갈등을 조장하는, 종교에 기초한 분열"을 방지해야 할 필요성으로부터[8] 나는 국교수립금지조항이 십계명 서판을 공적으로 게시하는 것을 금지하는가에 관한 두 개의 사건을 결정할 수 있는 도움을 얻었다. 두 서판 중 하나는 켄터키 주 법원 청사 내에 게시되었고, 다른 하나는 텍사스 주 의사당 뜰에 걸렸다. 국교수립금지조항에 의해서, 정부가 종교적 행위를 강요하거나, 종파들 사이 혹은 종교인과 비종교인 사이에서 어느 한쪽을 편들거나, 또는 종교를 장려할 수 없다는 점은 잘 알려져 있다. 그러나 동시에 미국인들 대부분의 종교적 신앙을 감안하면, 공적 영역에서 모든 종교적 상징물을 제거하려는 절대주의적 접근방식 또한 국교수립금지조항이 방지하려는 사회적 갈등을 더욱 조장할 우려가 있다. 따라서 나는 십계명 텍스트의 종교적 본성에도 불구하고 그 공적 게시를 국교수립금지조항을 근거로 모든 경우에 당연히 금지할 수는 없다고 생각하였다. 오히려 우리는 그 게시의 특정 맥락을 검토하여야 한다. 이는 당해 맥락에서 십계명 서판에 국교수립금지조항이 금하는 내용인 '종교적 메시지에 대한 정부의 지지'가 담겨져 있는지를 확인하기 위함이다.

켄터키 주 법원 청사 게시물에 관한 역사를 살펴보면서, 나와 다수의견에 가담한 다른 동료들은 그 게시물이 일차적으로 후원자의 종교적 목적에 봉사하기 위한 것이라는 점과 관람하는 많은 사람들이 그 게시물을 그와 같은 동기의 반영으로 이해할 수 있다는 점을 확신할 수 있었다. 그러나 텍사스 게시물의 맥락은 특기할 만한 차이를 보였다. 사적 (그리고 일차적으로 세속적인) 시민조직이 소년범죄를 근절하기 위한 노력의 일환으로 주 의회 의사당 뜰에 십계명을 게시하였던 것이다. 그곳에는 17개의 다른 기념물과 21명의 역사적 위인상 또한 있었는데, 그들 중 어떤 것도 종교적 메시지를 전달하지 않았고 그 모두가 오직 텍사스인들의 역사적 "이상"을 표현하고자 한 것들이었다. 게다가 그 기념물은 아무런 이의제기 없이 40년 동안 그곳에 서 있었다. 이와 같은 사정들을 통해서 주 의회 의사당 뜰을 방문한 시민들이 십계명의 종교적 메시지를 문화유산에 반영된 광범위한 도덕적·역사적 메시지의 일부로서 오랫동안 간주하였음을 분명하게 알 수 있었다. 그곳에 게시된 십계명을 이와 같이 이해하는 것은 게시한 시민

조직이 목표하였던 바와 일치하는 것이었다.

텍사스의 게시물에 40년 동안 아무런 문제제기가 없었다는 것은 특히 중요한 점이다. 정도(程度)에 관한 실제적 문제로서, 이 사실은 (켄터키의 게시물과 달리) 텍사스의 게시물로 사회적 분열이 초래되었다는 점을 증명하기에 적합하지 않음을 보여 주었다. 실제로 그 게시물의 철거를 요구하는 것은 전국에 걸쳐 공공건물에서 오래된 십계명 게시물을 둘러싼 철거 분쟁을 격화시킬 수도 있는 것이었다. 이렇게 되면 국교수립금지조항이 방지하고자 하였던 바로 그 종교적인 분열이 발생하였을 것이다. 이와 반대로, 켄터키의 최근 게시물이 가진 짧고도 혼란스러운 역사는 종교적 동기 및 이에 따른 사회적 대립의 결과를 드러내었다. 따라서 내가 경계선상의 사건들이라고 불렀던 이 두 사건에서, 개연적 결과에 대한 고려, 즉 국교수립금지조항에 내포된 목적이나 가치의 관점에서 결과를 고려함으로써 법적 결론을 도출하는 데 도움을 얻을 수 있었다. 국교금지조항을 근거로 켄터키의 게시물은 금지한 반면, 텍사스의 게시물은 허용하였다.

이 두 사건에서 내가 정당하였다는 점을 이 글에서 주장하려는 것은 아니다. 내 의견이 종교 조항의 저변에 깔린 결정적 가치를 확인하고자 했다는 점을 말하려는 것이다. 나는 그와 같은 가치가 현대 미국에서 어떻게 적용되는지를 감안하였고, 그 가치에 부합하는 다양한 결과를 탐구하였다. 또한 개연적 결과를 그 가치의 관점에서 평가하였다. 이것이 내가 말하는, 결과를 강조하는 해석적 접근방식이다. 이 접근방식에서 언어, 선례, 헌법적 가치, 그리고 사실관계의 상황 등은 모두 사법적 주관성을 억제한다.

셋째, "주관성"은 문언주의자 자신도 피해갈 수 없는 양날을 가진 비판이다. 문언주의자의 도구, 즉 언어와 구조, 역사와 전통도 내가 언급하였던 진정으로 어려운 사건들에서는 객관적 지침을 제공하는 데 실패할 때가 많다. 해석의 여러 규칙은 객관적인 해답을 내놓을 수 있을까? 한 규칙은 법원에 제정법의 모든 단어에 의미를 부여하는 해석을 택하라고 말한다. 다른 규칙은 어떤 단어를 무시하지 않으면 구조적으로 해당 제정법의 목적에 모순될 수밖에 없을 경우, 그 단어를 쓸모없는 것으로 무시하여도 좋다고 허용한다. 법원은 제정법을 코먼로(Common Law)와 마찬가지로 협소하게 해석해야 하는가 아니면 보완적 목적으로 광범하게 해석해야 하는가? 왼쪽의 해석규칙과 오른쪽의 해석규칙 중 판사들은 어떤 것을 따라야 하는가?[9]

외국주권면제법 사건을 상기해 보라. 이 사건에서 쟁점은 "통제(control)"라는 제정법 조문의 단어가 넓은 의미를 가졌는가 아니면 좁은 의미를 가졌는가의 문제였다. 연방대법원은 협소한 해석을 택하여, 의회가 다른 제정법에서 광의의 의미를 표현하는 경우 "직접적 혹은 간접적 통제"라는 상이한 문구를 사용한다는 점을 강조하였어야 하는가? 아니면 대신 의회가 또 다른 제정법에서는 광의의 의미로 동일한 문구, 즉 "통제"라는 한 단어를 쓴다는 점을 부각했어야 하는가? 아니면 의회가 이들 각각을 얼마나 사용하였는지 일일이 세어 보았어야 하는가? 제정법의 전체적인 목적에 비하여 제정법 조문의 모든 단어에 대해 별도의 의미를 부여할 것을 요구하는 해석규칙에 도대체 왜 더 큰 중요성을 부여해야 하는가?

쉐브론 사건을 상기해 보라. '의회의 합리적 구성원'이라는 가설에 의존하는 것은, 그와 같은 참조 없이 법원 스스로 적용할 해석 법칙의 구축을 위하여 노력하는 것보다 결코 더 많은 주관성을 끌어들이는 것이 아니다. 이 두 관점 모두에 대하여 쉐브론 사건은 법원에게 행정청의 해석이 언제 합당한지를 결정하라고 요구한다. 그로써 주관성의 문이 열리게 되는 것이다.

최근에 우리 법원에서 나온 소급법 금지 조항(Ex Post Facto Clause) 사건을 생각해 보자. 우리는 당해 조항에 근거하여 캘리포니아 주가 구법상 시효기간이 만료된 지 20년 후에도 아동 성희롱범을 소추할 수 있도록 소급적으로 적용되는 새로운 공소시효규정을 제정할 수 없는 것인지를 결정해야 하였다. 연방대법원은 이 답을 얻기 위하여 문언주의자들의 도구 중 하나인 역사를 활용하였다. 2백 년 전, 체이스(Chase) 대법관은 3세기 묵은 블랙스톤의 언어를 빌려다가, 예를 들어 개정법이 과거보다 특정 범죄를 "더욱 중한 것으로" 여길 경우 소급법 금지 조항을 적용할 수 있다고 말한 바 있다. 소급효를 가진 캘리포니아의 공소시효규정에 의하여 당해 범죄는 종전보다 "더욱 중하게" 되는가?[10]

역사적으로 말해서, 이에 대한 답은 블랙스톤 공식(Blackstone's formulation)의 탄생을 낳았던, 영국에서 벌어진 몇 가지 사태의 본질이 무엇인가에 달려 있었다. 연방대법원의 모든 구성원들은 350년 전에 벌어진 두 가지 의회소추권 남용 사례를 검토하였다. 하나는 클래런던 백작(Earl of Clarendon) 사건이고, 다른 하나는 아터베리 주교(Bishop of Atterbury) 사건이었다. 연방대법원 판사들 모두는 소급법 금지 조항이 문제된 이들 사건에서와 같은 종류의 소추를 금지한다는 점에 동의하였다. 그러나 동의는 거기까지였다. 반대의견은 이와 같은 역사적 의회소추사건이 본 사건과 아무런 관련이 없다고 생각하였다. 다수의견은 이들 사건에서 본 사건의 상당한 근거를 얻을 수 있다고 생각하였다. 누가 옳았는가? 전문 사학자가 아니라면 누구도 알 수 없다는 것이 진실한 답(내가 믿기로는, 의견을 읽기만 해도 지지할 수 있는 답)이다. 그리고 심지어 전문 사학자들도 동의하지 않을 수 있다. 판사가 전문 사학자가 아니다. 이와 같은 사건에서 역사에 의존하는 것이 어떻게 확실성 또는 객관성을 가져올 수 있다는 말인가?[11]

유사한 여러 사건에서 내가 언어적 구조의 불확실성, 해석 법칙의 불확실성, 그리고 역사의 불확실성을 지적하는 이유는 무엇인가? 그것은 그와 같은 어려움이 의미하는 바가, "텍스트주의", "원전주의", 그리고 "문언주의"의 접근방식은 그 자체로 본래부터 주관적 요소를 가진다는 것이기 때문이다. 어떠한 언어적 특징이 결정적인가? 어떠한 해석 법칙을 채택하여야 하는가? 어떠한 역사적 설명을 따라야 하는가? 어떠한 전통을 적용하여야 하는가? 그리고 그 역사, 그 전통은 오늘날 어떻게 적용될 수 있는가?

의미심장하게도, 이와 같은 질문에 답하려는 노력은 주관적이면서도 불명확한 판결을 낳게 된다. 이는 판사가 진정으로 중요하게 고려한 요소가 무엇인지에 관하여 투명성을 결여하였다는 의미에서 그러하다. 직접적으로 결과, 목적, 그리고 가치를 고려하는 판결은 최악의 경우에도 더 이상 주관적이지는 않으며, 판결을 읽는 모든 사람에게 판결의 저변에 흐르는 사법적 동기를 드러내고, 의심의 여러 초점을 명시하여 주는 부가적 가치를 가진다. 논거의 투명성으로 인해 의견에 대한 분별력 있는 공적 비판이 가능하기 때문에 이 점이 특히 중요하다. 민주주의에서 이러한 비판은 사법적 권력의 남용을 견제하는 데 중요한 역할을 담당한다.

넷째, 나는 텍스트주의자나 원전주의자의 해석 방법이 명확하고 실행 가능한 법적 규칙을 더 잘 제공해 줄 것이라고 믿지 않는다. 그러나 만약 그렇다고 하더라도, 법적 규칙의 장점이 과장될 수 있다. 규칙은 해석되고 적용되어야 한다. 합격과 불합격의 경계선상의 학점을 받는 로스쿨 학생들은 누구나, 문제의 중심적 사안에 잘 맞아 떨어지는 규칙이 유익하기는 하지만 경계선상에서 발생하는 사안에서는 별 소용이 없는 경우가 있다는 점을 잘 알고 있다.

또한 나는 규칙을 적용함으로써 명확성이 전적으로 증진된다고는 믿지 않는다. 비유나 예증을 통해서도 설명이 가능하다. 예를 들어 클레이튼법(Clayton Act) 제3조는 "매도인의 경쟁자의 상품을 사용하거나 취급하지 않을 것"이라는 조건으로 매도인이 매수인에게 판매하는 것을 금지하고 있다. 이 법문은 자신의 거래 상대방들에게 실제로 그와 같은 약속을 강요하는 매도인에게 가장 명확하게 적용된다. 그러나 매도인이 자신의 다른 제품도 함께 구매할 것을 조건으로 매수인에게 제품을 판매하는 사건에도 또한 적용된다. 법원은 그간 이러한 행위를 설명하기 위하여 "묶여 있다(tying)"는 은유를 도입하였다.* 이런 식으로 법원은 법률가들, 사업자들, 그리고 법원 자신의 유익을 위하여 제정법의 규제 범위를 더욱 분명하고 구체적으로 만들었던 것이다. 코먼로 역시 오랫동안 개별 사건의 여러 사실을 포함한 예증의 방식으로 법을 수립하였다. 그러한 선례는 거의 3세기 동안, 상업적 확실성을 높이는 방식으로 성장을 촉진하며 통상의 매수인들과 매도인들을 인도하였다.[12]

어떤 경우든, 명확한 규칙에 집착하게 되면 큰 헌법적 대가를 치러야 할 수 있다. 캘리포니아 주는 "삼진아웃제도"라는 중형의 의무적 선고에 관한 법률을 제정하였다. 이 법률을 적용한 결과, 세 번째 범죄로 153달러 상당의 비디오테이프를 훔친 사람에게 50년 형을 선고하였고, 세 번째 범죄로 여러 개의 골프채를 훔친 다른 사람에게는 25년을 선고하였다. 연방대법원은 이러한 선고가 헌법상 잔인하고 이례적인 형벌 금지조항(Cruel and Unusual Punishment Clause)을 위반하였는지를 결정하여야 했다. 논점은 그 선고가 "총체적으로 균형에 맞지 않은지"에 모아졌다. 몇몇 대법관이 반대의견의 실행 가능성에 대한 우려를 표하였고, 다수의견은 위반이 아니라고 판

....

* 공정거래법에 끼워팔기, 즉 결합계약(tying arrangement)이라는 개념을 도입하여 이러한 형태의 불공정 계약을 규율하고 있다. – 옮긴이

단하였다.[13]

나는 소수의견에 가담하였다. 이 법률을 폐지하면 법원이 명백한 규칙의 부재 상태에 직면하게 되리라는 점은 인정하였다. 그 명확한 규칙은 "총체적으로 비례성 위반"인 형의 선고를 그렇지 않은 선고로부터 쉽사리 구별할 수 있었던 것이었다. 법원은 각각의 사안별로 판단해야 했을 수도 있다. 그러나 그러한 판단이 지침에 부합하지 않는 것은 아니다. 사례에 바탕을 두고 우리 앞의 사안에 어떠한 기준이, 왜 적용되어야 하는지를 논의하는 연방대법원의 의견이 따라야 할 지침 역할을 하였다. 그렇다고 하더라도, 규칙에 입각한 명확성에서 얻어지는 여러 행정적 이점이 헌법보다 더 높은 가치를 가지는 것은 아니었다. 명확한 규칙을 주장함으로써, 잔인하고 이례적인 형벌 금지 조항을 특정 기간의 징역형 선고에 관하여 사실상 적용 불가능의 상태로 만들어 놓았던 것이다.[14]

다섯째, 텍스트주의나 원전주의의 신조는 다른 접근방식에 주관성 또는 불확실성의 위험이 내재해 있다는 점을 과대평가한 나머지, 그들 자신에게 심각한 해악이 되는 결과를 산출할 수도 있다. 나는 이러한 해악을 설명하기 위해 신중하게 몇몇 사례를 선별하였다. 제정법 해석에 관해서, 해석 법칙에 입각한 접근방식은 관할권 문제를 더욱 복잡하게 함으로써 특정한 외국소유 기업들에 대하여 연방 법원의 문을 폐쇄하는 결과를 낳았으며, 그로 인하여 의회가 이 법률(외국주권면제법)을 제정하여 피하고자 하였던 바로 그 대외관계의 충돌이 증가하였다. 제정법규의 문언적 의미를 강조하는 것은 주의 수형자들에 대하여 연방 법원의 문을 임의로 폐쇄하는 방식으로 인신구속영장제도가 바뀌는 것을 의미하였다. 행정법의 영역에서 쉐브론 판례를 해석규칙처럼 취급하는 것은, 제정법에 대한 행정청의 해석까지도 사법적으로 존중하게 되는, 합리적인 입법자라면 의도하지 않았을 위험을 야기한다. 이럴 경우 대중에 의해 선출된 대표들의 견해에 더욱 부합하는 해석을 제정법규에 대한 특정 행정기관의 견해로 대체하는 꼴이 된다.

수정헌법 제1조에 관해서, 좀 더 텍스트주의적인 접근방식은 (좀 더 원전주의적이지는 않더라도) "표현은 표현일 뿐이며, 그것이 문제의 관건이다"라는 식으로 모든 표현을 동일하게 다루게 될 수 있다. 조제약 사례는 이와 같은 관점을 적용함으로써 건강에 기초한 합당한 규제 목적을 비합리적으로 방해할 수도 있음을 보여 주었다. 연방주의에 관해서 더욱 원전주의적인 접근방식은 연방 프로그램들의 지역적 실행에 시민들을 참여시키려는 노력을 방해할 수도 있고, 그로 인해 헌법적 디자인에 부합하는 더욱 효과적인 규제 프로그램이라 할 협력적 연방주의의 발전을 억제할 수도 있다. 수정헌법 제11

조의 몇몇 사건에서, 그러한 접근방식은 (만약 법원의 접근방식을 원전주의적이라고 일컬을 수 있다면) 지적재산권의 보호와 같은 영역에서 의회가 전국적으로 단일한 구제수단을 마련하는 것을 좌절시킬 수도 있다. 현대 글로벌 상업 환경에서 지적재산권의 보호는 단일한 집행수단이 반드시 필요하지는 않더라도 매우 중요시되고 있는 영역임에도 말이다.

프라이버시에 관해서, 문언을 중시하고 결과를 덜 고려하는 접근방식이 반드시 사법적 좌고우면(左顧右眄)의 원인을 중요하게 보는 것은 아니다. 그러한 접근방식은 계속되는 입법과정에 관하여 부적절한 설명을 제공하고, 그 결과 입법적 발전이 있어야 할 부분에 섣부른 사법적 간섭이 이어진다. 평등보호에 관해서, 문언주의에 치중한 접근방식은 헌법의 제도적 업무를 원래 의도된 대로 달성하는 데 필요한 민주적 일체성을 증진하기보다 저해하는 방식으로, 평등보호조항을 분열지향적으로 해석하는 것이었을 수도 있다.

물론 내가 제시한 것은 몇 개의 예일 뿐이다. 이 사례들은 그것에 내포된 여러 해석의 일반적인 우위를 입증하지 않는다. 그러나 만약 누구든, 결과를 검토함으로써 우리의 여러 해석이 특정한 민주적 목적과 일반적 헌법 목표를 활성화하는지 여부를 결정하는 데 도움이 된다는 점에 동의한다면, 나의 소임을 다한 것이다. 내 주장의 요점은 문언에 치중한 접근방식이 심각한 결점을 가진다는 것이다. 더 문언적이거나, 텍스트주의적이거나, 원전주의적인 접근방식이 어떠한 "주관성 제한"의 이점을 가져오든 간에, 나는 그러한 이점이 작은 것이며 또한 심각한 결과적 해악을 동반하게 될 것이라고 믿는다.

문제되는 해악의 많은 부분은 헌법적 해악이다. 문언주의는 민주적 정부의 틀을 창조하려는 헌법적 노력의 기반을 약화시키는 경향을 띤다. 민주적 정부란 개인의 기본적 자유를 보호하면서도 시민들로 하여금 스스로를 효과적으로 통치하도록 하는 정부를 말함은 물론이다. 이 기본적인 목적을 훼손하는 한, 문언 중심적 해석은 헌법기초자들의 가장 근본적인 원래 의도에 불일치하게 되는 것이다.

이러한 모든 이유 혹은 일부의 이유로, 내가 꼭 설득하고 싶다는 마음을 거의 먹지 못할 정도로 텍스트주의 혹은 문언주의 관점에 강하게 빠져 있는 사람들의 수가 실제로는 아주 적으면 좋겠다. 그 외의 사람들에 대하여는 역동적 자유가 헌법 (그리고 제정법) 해석에서 중요한 역할을 수행한다는 확신을 주었기를 바란다.

반복하건대, 이러한 역할을 추구한다고 하여 현재의 전문적 해석 방법들에 급진적인 변화가 생기지도 않으며, 헌법이 보장하는 근본적 (근대적) 자유에 대한 보호가 무시되지도 않는다. 이 역할에서는 "모든 인간은 평등하게 창조되었다"는 제퍼슨의 발언을 헌법이 충족하고자 하는 목표의 표현으로 받아들인다. 모든 인간은 특정한 "불가양의 권리"를 그 창조주로부터 부여받았다. "이러한 권리를 확보하기 위하여 사람들 사이에 정부가 조직되었으며, 그 정부의 정당한 권력은 피지배자의 동의로부터 나오는 것이다." 역동적 자유의 역할은 이 유명한 구절의 마지막 민주주의 부분을 강조하고 또 강조한다. 이 거듭된 강조는, 우리의 현대 사회에서 판사들이 이처럼 고전적이며 불변하는 이상에 대한 충실성을 약속하고자 할 경우 실질적인 가치를 가진다고 나는 믿는다.[15]

에필로그

민주적 자치 정부의 헌법적 중요성을 거듭 강조하게 되면 민주 정부의 실현 외에도 부가적인 실질적 유익 또한 얻을 수 있다. 우리 모두는 대중이 정부의 정책 집행 절차에 대하여 얼마나 잘 알지 못하며, 심지어 얼마나 무관심한지를 보여 주는 자료에 익숙하다. 여러 기관의 보고서에서는 고등학교에서 시민교육이 결여되어 있음을 비판한다. 신뢰할 만한 한 전국적 조사에서는 쓰리 스투지스(Three Stooges, 1920년대부터 오랫동안 유행했던 코미디 프로그램)의 이름을 아는 학생이 정부의 삼부(三府)를 아는 학생보다 많다는 사실을 알려 주었다. 로스쿨 졸업생들은 과거 어느 때보다 정부 기관에서 일하는 것에 관심이 적다. 주요 로스쿨 한 곳의 졸업생 중 공직(또는 비정부

공익업무)에 나가는 비율이 한 세대를 거치는 동안 12퍼센트에서 3퍼센트로 줄어들었다. 같은 기간에 실시된 여론조사에서는 대중의 정부에 대한 신뢰도 비율이 거의 비슷한 비율로 감소하였음을 확인할 수 있다.[1]

그러나 이러한 추세를 되돌릴 수 없는 것은 아니다. 사실, 2001년 9월 11일 테러리스트의 공격에 대한 반응으로, 정부에 대한 신뢰와 공직에 대한 관심이 현저하게 다시 반등하였다. 법원 혼자의 힘으로 이러한 반등 상태를 유지할 수는 없을 것이다. 사실 판사들은 민주주의적 덕성을 변호하기가 쉽지 않다. 그러나 그렇게 할 필요가 없다. 미국인들은 이미 그와 같은 민주적 덕성과 목표를 자신들의 것으로 받아들이고 있다. 이 민주적 덕성과 목표에 대하여 토크빌은 정신적인 "거만함"에 휩싸여, "물질적 풍요에 대한 경멸"을 가진 채, 억지로 끌어올려진 "예의범절"로서, "시적이고, 명성을 추구하며, 영광", 즉 "가능한 최고의 영광"을 추구하는 것이 아니라, "이성적이고", "온화한 습관들"을 가지고, "질적인 삶", 즉 "번영된 사회의 에너지가 경이로운 결과를 창출할 수 있는" 것이라고 지적한 바 있다.[2]

높은 신뢰를 받는 정부 기관으로서 법원은 여전히 다양한 방식으로 조력할 수 있다. 판사들은 시민들이 이해할 수 있는 용어로 헌법이 무엇에 관한 것인지 설명할 수 있다. 무엇보다 헌법이 모든 수준의 공동체의 문제, 즉 지역, 주, 또는 전국 수준의 모든 문제들을 해결하기 위하여 고안된 문서가 아니라는 점을 명확하게 할 수 있다. 오히려 헌법은 인민이 자신들의 문제를 스스로 해결할 수 있다는 신뢰를 담은 문서이다. 또한 그렇게 하려는 인민을 돕기 위하여 정부의 틀을 만들어 낸다. 이 틀은 개인들의 기본적 자유를 보호하면서도 민주적으로 결정되는 여러 해결책을 예측한다. 법이 개인들을 평등한 존중으로써 대우할 것임을 모든 이들에게 확실히 약속한다. 오랜 시간이 흘러도 정상적으로 작동하는 것이라고 밝혀질 민주적 정부의 형태를 찾아내는 것이다.[3]

이것이 민주주의의 이상이다. 이백 년 전이나 이천 년에 그러하였듯이 오늘날에도 적실한 것이다. 이천 년도 더 전에 투키디데스(Thucydides)는 페리클레스(Pericles)가 동료 아테네 시민들에게 하였던 말을 인용하였다. "우리는 정치에 참여하지 않는 사람을 자신의 일에만 관심을 갖는 사람이라고 말하지 않는다. 우리는 그를 쓸모없는 사람이라고 말한다." 관련된 여러 이상, 즉 정치적 권위를 공유하고, 자유민으로서 민주적으로 선출된 정부에 그 권위를 위임하며, 그 위임받은 대표를 통해서 민주적 과정에 참여하는 이상은 헌법 기초자들을 감동시켰다. 이런 과정을 거치면서 그들은 이러한 이상을 체현한 헌법을 작성하였던 것이다. 우리 판사들은 미국인들이 그러한 정부에 참여해야 한다고 주장할 수는 없다. 그러나 우리는 우리의 헌법이 그러한 참여에 의존한다는 점을 명백하게 확인할 수는 있다. 시민들의 참여는 필수적이다. 참여는 다른 많은 사람들이 말하였던 것처럼, 존 애덤스가 "진정한 자유"와 헌법이 창조하는 "공화정부"를 위하여 불가결한 조건이라고 믿었던 "공공선을 향한 적극적 열정"의 핵심 요소이다.[4]

주석

서론

1 토머스 제퍼슨이 윌리엄 자비스(William Charles Jarvis)에게 보냈던 편지(1820년 9월 28일). 10 *The Writings of Thomas Jefferson 1816-1826*, at 160 (Paul Leicester Ford ed. 번각본, 1899); 제퍼슨이 조셉 카벨(Joseph Cabell)에게 보냈던 편지(1816년 2월 2일). *The Founders' Constitution*, at 142, 142 (Philip B. Kurland & Ralph Lerner eds. 번각본, 1987); 존 애덤스가 1776년 4월 16일 머시 워렌(Mercy Otis Warren)에게 보냈던 편지. *id.* at 670; 예를 들어, The Federalist No. 28(해밀턴), at 178, 181 (Clinton Rossiter ed. 1961). ('국가 권위에 의한 공적 자유의 침해' 부분).

2 Benjamin Constant, *The Liberty of the Ancients Compared with That of the Moderns* (1819), in *Political Writings* 309, 309-28 (Biancamaria Fontana trans. & ed., 1988); Benjamin Constant, *De la liberté des Anciens: Discours prononcé à l'Athénée royal de Paris en 1819*, at 2, ⟨http://www.libres.org/francais/fondamentaux/liberte/liberte_constant.htm⟩에서 검색가능; *Political Writings*, at 327; Constant, De la liberté, at 15.

3 Constant, *De la liberté*, at 2; *id*, at 7; *id*. at 13; *Political Writings*, at 325-27.

4 Constant, *De la liberté*, 14쪽; *Political Writings*, 327쪽.

5 Constant, *De la liberté*; James B. Thayer, *John Marshall* 106 (1901); Learned Hand, *The Spirit of Liberty* (3d ed., 1960) 등 참조.

6 약간의 유사성도 있으나, '역동적 자유'라는 용어는 철학자 이사야 벌린(Isaiah Berlin)의 '적극적 자유'(positive liberty)와는 구별되는 개념이다. Isaiah Berlin, *Two Concepts of Liberty, Inaugural Lecture Before the University of Oxford* (Oct. 31, 1958), in *Four Essays on Liberty* 118, 118-72 (1969) 참조.

7 “한 문장의 의미는 개개 단어의 의미 조합보다 더 넓을 수 있다. 멜로디와 음표의 관계가 그러한 것처럼 말이다.”라고 하였던 *Helvering v. Gregory*, 69 F.2d 809, 810-11(1934); 또한 “‘현명한 작곡가’는 자신의 악보를 해석하는 연주자가 그 문자적 의미 이상을 연주해 줄 것을 기대한다. 현명한 대중은 판사가 제정법 문언에 나타난 단어의 기계적 의미를 초월하여 주기를 기대하여야 한다”고 하였던 Jerome Frank, *Words and Music: Some Remarks on Statutory Interpretation*, 47 Colum. L. Rev.1259, 1262-64 (1947) 참조.

8 U.S. Const. art. I; amends. XIV, XIX; *id*. art. IV.

9 예를 들어, (연방은행을 창설한 연방의회의 권한을 옹호하였던) *McCulloch v. Maryland*, 17 U.S.(4 Wheat.) 316 (1819); (연방 법률에 대한 합헌성 검토 권한을 연방 법원에 부여하였던) *Marbury v. Madison*, 5 U.S. (1 Cranch) 137 (1803); (투표권 집행을 거부하였던) *Giles v. Harris*, 189 U.S. 475 (1903); (남북전쟁 후의 수정헌법 조항을 좁게 해석하였던) *The Civil Rights Cases*, 109 U.S. 3 (1883); (실질적 적법 절차를 근거로 노동 장소에 대한 건강 규율을 무효화시켰던) *Lochner v. New York*, 198 U.S. 45 (1905) 참조.

10 예를 들어, (주 간 상거래에 미치는 효과 중 ‘직접적’인 것과 ‘간접적’인 것의 구분을 거부하였던) *Wickard v. Filburn*, 317 U.S. 111, 125 (1942); (연방노동관계법의 합헌성을 인정하고 ‘간접적 효과’를 부인하였던) *NLRB v. Jones & Laughlin Steel Corp.*, 301 U.S. 1 (1937); (여성을 위한 최저임금제도가 계약의 자유에 관한 헌법적 권리를 위배하지 않는다고 결정하였던) *W. Coast Hotel Co. v. Parrish*, 300 U.S. 379 (1937); (‘1인 1표’ 원리를 주 의회에 적용하였던) *Reynolds v. Sims*, 377 U.S. 533 (1964); (평등보호조항으로 투표인 배분에 심사에 대한 연방법원의 관여가 정당화된다고 보았던) *Baker v. Carr*, 369 U.S. 186 (1962); (수정헌법 제14조를 근거로 인종차별적 게리맨더링을 위헌 선고하였던) *Gomillion v. Lightfoot*, 364 U.S. 339 (1960) 등 참조.

헌법 해석의 전통

1 *The Words of Justice Brandeis* 61 (Solomon Goldman ed., 1953); *Int'l News Service v. AP*, 248 U.S. 215, 267 (1918) (브랜다이스 대법관의 반대의견); Lochner v. New York, 198 U.S. 45, 75 (1905) (홈즈 대법관의 반대의견);

Learned Hand, *The Spirit of Liberty* 109 (3d ed., 1960); *Otis v. Parker*, 187 U.S. 606, 609 (1903) (홈즈 대법관).

2 Hand, *supra* note 1, at 109; *United States v. Classic*, 313 U.S. 299, 316 (1941) (스톤 대법관); Hand, *id.*, at 157; Aharon Barak, *A Judge on Judging: The Role of a Supreme Court in a Democracy*, 116 Harv. L. Rev. 16, 28 (2002) ("법은 사람들 사이의 관계를 규율한다. 행동 양식을 규정하며, 사회의 가치를 반영한다. 판사의 역할은 사회 속 법의 목적을 이해하여 이를 달성할 수 있도록 원조하는 것이다"); Goldman *supra* note 1, at 115; Felix Frankfurter, *Some Reflections on the Reading of Statutes*, 47 Colum. L. Rev. 527, 541 (1947).

3 Felix Frankfurter, *The Supreme Court in the Mirror of Justices*, in *Of Law and Life & Other Things That Matter* 94 (Philip B. Kurland ed., 1965); id. at 95; Hand, *supra* note 1, at 109; *New State Ice Co. v. Liebmann*, 285 U.S. 262, 311 (1932) (브랜다이스 대법관의 반대의견); Frankfurter, *supra* note 3, at 95.

4 Frankfurter, *supra* note 3, at 95; *Otis v. Parker*, 187 U.S. 609쪽 (홈즈 대법관); cf. ('관점의 차이에 대한 모든 가능한 허용'을 가리키는) Hand, *supra* note 1, at 162; *id.* at 190.

5 Thurgood Marshall, *Reflections on the Bicentennial of the United States Constitution*, 101 Harv. L. Rev. 1, 2 (1987) ("건국의 아버지들이 '우리 인민들'이라는 구절을 사용하였을 당시, 그들이 미국 시민들의 대다수를 염두에 둔 것이 아니었다").

(*Brown v. Board of Education*이 온당한 근거가 없는 판결이었다고 주장하는) Herbert Wechsler, *Toward Neutral Principles of Constitutional Law*, 33 Harv. L. Rev. 1 (1959)를 (웩슬러가 의견을 바꾸어 "법이나 공식적 행위에 의하여 부당한 평가가 더 이상 이루어질 수 없도록 하면서도 발견되는 기회의 불평등을 시정하기 위해" 인종 기준이 고려될 수 있다는 원칙을 명확히 하였다는 사실을 지적한) Louis Pollak, *Race, Law, & History: The Supreme Court from "Dred Scott" to "Grutter v. Bollinger,"* Daedalus, Winter 2005, at 29, 40-41과 비교하라.

헌법의 역사

1 (헌법 해석을 이해할 목적에서 헌법 제정과 비준을 둘러싼 역사적 맥락을 검토한 글) Jack N. Rakove, *Original Meanings: Politics and Ideas in the Making of the Constitution* 11 (1996); Gordon Wood, *The Creation of the American Republic* (1776-1787) (1969); Bernard Bailyn, *The Ideological Origins of the American Revolution* (1967); 또한 Akhil Reed Amar, *America's Constitution: A Guided Tour* (Random House, 2005) 참조.

2 Wood, *supra* note 1, at 574-80; *id*. at 578 (Adams ed., *Works of John Adams*, IV, 10, 89 인용) 참조.

3 *Id*. at 164 ("Boston's Instructions to its Representatives," May 30, 1770, in Handin, ed., *Popular Sciences*, 95 인용).

4 *Id*. at 590.

5 *Id*. at 136; *id*. at 24-25 (Boston Continental Journal, Jan. 15, 1778 인용); *id*. at 25 (James Lovell, *An Oration Delivered April 2, 1771* [Boston, 1771] in Niles, ed., *Principles*, 18 인용).

6 Robert F. Williams, *The State Constitutions of the Founding Decade: Pennsylvania's Radical 1776 Constitution and Its Influences on American Constitutionalism*, 62 Temp. L. Rev. 541, 547 (1989).

7 Wood, *supra* note 1, at 137; *id*. at 412-13 참조.

8 Alexander Meiklejohn, *Free Speech and Its Relation to Self-Government* 14-15 (1948).

9 U.S. Const. art. 1; Wood, *supra* note 1, at 247 (Benjamin Rush 인용).

10 Edward S. Corwin, *The President, Office and Powers, 1787-1984*, at 45 (5th ed., 1984); 또한 *Congressional Quarterly Guide to the Presidency* 188 (Michael Nelson ed., 1996) 참조.

11 Wood, *supra* note 1, at 551 (James Wilson 인용).

12 *Id*. at 590.

13 The Federalist No. 10, at 77, 78 (Madison), (Clinton Rossiter ed., 1961); Wood, *supra* note 1, at 502; (Madison, in Max Farrand, *Records of the Federal Convention of 1787*, I, at 214[1937]); Gordon S. Wood, *Representation in the American Revolution* 46 (1969) (the Hartford Connecticut

Courant, Nov. 27, 1786; Feb 5, 1787 인용); Farrand, *Records of the Federal Convention of 1787*, I. at 562 (1937); *id.* at 253; Madison, The Federalist No. 10, at 80.

14 Wood, *supra* note 1, at 551; *id.* at 514 (Madison in Farrand II, 204 인용); *id.* (토머스 제퍼슨에게 보낸 제임스 매디슨의 편지 Oct. 24, 1787, Boyd, ed., *Jefferson Papers*, XII, 277-78 인용); *id.* at 505 (Federalist No. 10 인용); Farrand, *supra* note 13, at 421.

15 Akhil Reed Amar, *The Supreme Court-1999 Term Forward: The Document and the Doctrine*, 114 Harv. L. Rev. 26, 130-33 (2000) 참조.

16 Wood, *supra* note 1, at 164 (Md. Decl. of Rts. [1770] V, Del. Decl. of Rts. [1776] 인용); *id.* at 408, 413.

17 *Id.* at 517.

18 Bailyn, *supra* note 1, at 55 (James Madison 인용).

19 The Federalist No. 39, at 240 (Madison).

표현

1 예를 들어, Alex Kozinski & Stuart Banner, Who's Afraid of Commercial Speech? 76 Va. L. Rev. 627, 631 (1990); Martin H. Redish, The First Amendment in the Marketplace: Commercial Speech and the Values of Free Expression, 39 Geo. Wash. L. Rev. 429, 452-48 (1971); cf. 44 *Liquormart, Inc. v. Rhode Island*, 517 U.S. 484, 522 (1996) (토머스 대법관의 일부 별개의견 및 주문 별개의견); U.S. Const. art. I 참조.

2 Ctr. for Responsive Politics, *Election Overview*, 2000 *Cycle: Stats at a Glance*, at http://www.opensecrets.org/overview/index.asp?Cycle=2000 accessed Mar. 8, 2002 (연방선거관리위원회 자료를 사용하여 총계 합산); Ctr. For Responsive Politics, *Election Overview*, at http://www.opensecrets.org/overview/stats.asp accessed Nov. 21, 2003 (연방 선관위 자료 근거).

3 Alliance for Better Campaign, *Dollars v. Discourse: Campaigns & Television*, at http://www.bettercampaigns.org/Doldisc/camptv.htm (Mar. 18, 2002 접속); Lorraine Woellert & Tom Lowry, *A Political Nightmare: Not*

Enough Airtime, Business Week Online (Oct. 23, 2000), at http://www.businessweek.com/2000/00_43/b3704204.htm; 예컨대 G.W. Hogan, *Federal Republic of Germany, Ireland, and the United Kingdom: Three European Approaches to Political Campaign Regulation*, 21 Cap. U. L. Rev. 501, 523 (1992) 참조.

4 *McConnell v. Federa Election Comm'n*, No 02-1674 et al., Joint Appendix 1558의 녹취 자료에서 인용.

2002년 중간선거에서, 전체 인구의 0.1%에 못 미치는 수가 명세된 모든 연성, 경성 선거 기부금의 83%를 기부하였음. Ctr. for Responsive Politics, *supra* note 2 참조.

5 *McConnell*, No. 02-1674 et al., Joint Appendix 1564의 녹취 자료에서 인용.

6 *Buckley v. Valeo*, 424 U.S. 1 (1976); *McConnell v. FEC*, 540 U.S. 93 (2003).

7 The Federalist, No. 57, at 351 (Madison).

8 U.S. Const. amend. I.

9 *Masses Publishing Co. v. Patten*, 244 F.535, 540 (S.D.N.Y. 1917 [(Hand, J.)]); Benjamin Constant, *The Liberty of the Ancients Compared with That of the Moderns* (1819), in *Political Writings*, at 327 (Biancamari Fontana trans. & ed., 1988).

10 *McConnell*, 540 U.S. at 136, 231; 또한 *Nixon v. Shrink Mo. Gov't PAC*, 528 U.S. 377, 399-402 (2000) (브라이어 대법관의 별개의견); *id.* at 136 (internal quotation marks omitted); *id.* at 137 (internal quotation marks omitted); *Board of Trade of Chicago v. United States*, 246 U.S. 231 (1918); *McConnell*, 540 U.S. at 134-42 참조.

11 *McConnell*, 540 U.S. at 137.

12 *Nike v. Kasky*, 539 U.S. 654 (2003).

13 *Thompson v. Western States Medical Center*, 535 U.S. 357 (2002).

14 *Nike*, 539 U.S. at 665 (부주의로 접수된 상고 허가 영장 각하에 대한 브라이어 대법관의 반대의견); *Thompson*, 535 U.S. at 378 (브라이어 대법관의 반대의견).

15 See *Nike*, 539 U.S. at 656-58 (스티븐스 대법관의 별개의견); *id.* at 665 (브라이어 대법관의 반대의견).

16 *Thompson*, 535 U.S. 361-64.

17 *Id.* at 374; *id.* at 384 (브라이어 대법관의 반대의견) (Rosenthal, Berndt, Donohue, Frank, & Epstein, *Promotion of Prescription Drugs to Consumers*, 346 New Eng. J. Med. 498-505 [2002], citing Lipsky, *The Opinions and Experiences of Family Physicians Regarding Direct-to-Consumer Advertising*, 45 J. Fam. Pract. 495-99 [1997] 인용), *id.* at 379.

연방주의

1 예컨대 *Gregory v. Ashcroft*, 501 U.S. 452, 458 (1991) ("공동 주권이라는 연방제 구조는 인민들에게 수많은 혜택을 부여한다. 이에 따르면 이질적 다양성의 사회가 요구하는 각종 필요에 더욱 민감하게 반응할 수 있는 탈중앙집중적 정부 형태가 보장된다. 시민들로 하여금 민주적 절차에 참여할 수 있는 기회를 증가시키고, 정부 내 혁신과 실험 가능성을 확보한다. 또한 이주하는 시민들을 위하여 주 간에 경쟁을 고취함으로써 정부의 반응을 신장시킨다."); *New State Ice Co. v. Liebmann*, 285 U.S. 262, 311 (1932) (브랜다이스 대법관의 반대의견) 참조.

2 *New York v. United States*, 505 U.S. 144 (1992); *Printz v. United States*, 521 U.S. 989 (1997).

3 *Printz*, 521 U.S. at 940 (스티븐스 대법관의 반대의견).

4 예컨대 *Fed. Mar. Comm'n v. S.C. State Ports Auth.*, 535 U.S. 743, 749-50 (2002) ("연방헌법 제1조의 권한에 따르는 연방의회는 주의 주권면제 권한을 폐지할 수 없다."); *Bd. of Trustees v. Garrett*, 531 U.S. 356, 364 (2001) (동일한 취지); *Kimel v. Fla. Bd. of Regents*, 528 U.S. 62, 78 (2000) (동일한 취지); *Fla. Prepaid Postsecondary Educ. Expense Bd. v. Coll. Sav. Bank*, 527 U.S. 627, 636, 144 L. Ed. 2d 575, 119 S. Ct. 2199 (1999) (연방헌법 제1조의 저작권 조항에 따라 연방의회는 주의 주권면제 권한을 폐지할 수 없다.); *Seminole Tribe of Fla. v. Fla.*, 517 U.S. 44, 72 (1996) (수정헌법 제14조만이 유일하게 인정되는 폐지의 근거이다.) 참조.

5 *Fed. Mar. Comm'n v. S.C. State Ports Auth.*, 535 U.S. 743, 748-51 (2002) 참조.

6 (연방의회가 상거래 권한을 부당하게 행사하였다는 이유로 「총기 없는 학교 주

변법」을 위헌 무효라 판결하였던) *United States v. Lopez*, 514 U.S. 549 (1995); (상거래 권한의 부당한 행사를 이유로 「여성 폭력 방지법」 규정을 위헌이라 선언하였던) *United States v. Morrison*, 529 U.S. 598 (2000) 참조.

7 *Morrison*, 529 U.S. at 658 (브라이어 대법관의 반대의견); *id*. at 617-18 ("이에 따라 우리는, 오로지 비경제적 · 폭력적 범죄 행위가 주 간 상거래에 대하여 총체적인 영향을 미칠 수 있다는 근거에만 의존한 채로 의회가 그것을 규제할 수 있다는 주장을 거부한다. 연방헌법은 진정한 전국적인 문제와 진정한 지방의 문제를 구분할 것을 명한다").

8 예컨대 *Nev. Dep't of Human Res. v. Hibbs*, 538 U.S. 721 (2003); *Frew v. Hawkins*, 540 U.S. 431 (2003) 참조.

9 Laurence H. Tribe, *American Constitutional Law* §§6-1 to -2 (3d ed. 2000); *C & A Carbone, Inc. v. Clarkstown*, 511 U.S. 383, 401-02 (오코너 대법관의 별개의견); 예컨대 *Camps Newfound/Owatonna v. Town of Harrison*, 520 U.S. 564 (1997); *Pike v. Bruce Church*, 397 U.S. 137, 145 (1970); 또한 (주 경계 바깥에서 생산된 석탄에 대해 차별적 취급을 한 오클라호마 주법을 위헌 선언한) *Wyoming v. Oklahoma*, 502 U.S. 437 (1992) 참조.

10 예컨대 *Quill Corp. v. North Dakota ex rel. Heitkamp*, 504 U.S. 298, 318 (1992); *Lewis v. BT Inv. Managers, Inc.*, 447 U.S. 27, 44 (1980) 참조.

11 예컨대 Guido Calabresi, *The Supreme Court, 1990 Term-Foreword: Antidiscrimination and Constitutional Accountability (What the Bork-Brennan Debate Ignores)*, 105 Har. L. Rev. 80, 103-08 (1991); cf. Alexander M. Bickel & Harry H. Wellington, *Legislative Purpose and the Judicial Process*, 71 Harv. L. Rev. I (1957); Guido Calabresi, *Common Law for the Age of Statutes* 120-24 (1982); 또한 (전통적으로 주가 규율하던 영역에 대하여 연방의회가 입법할 때 연방의회의 '명확한 의사 표명'을 요구한) *Gregory v. Ashcroft*, 501 U.S. 452 (1991); Larry J. Obhof, *Federalism, I Presume? A Look at the Enforcement of Federalism Principle Through Presumptions and Clear Statement Rules*, 2004 Mich. St. L. Rev. 123 참조.

프라이버시

1 Jeffrey Rosen, *The Unwanted Gaze: The Destruction of Privacy in America* (2000). 이러한 프라이버시 개념을 보유한 사상가들은, 한 판결의 반대의견에서 처음으로 "간섭받지 않을 권리(right to be let alone)"라는 용어를 프라이버시 권리의 개념으로 고안하였던 브랜다이스 대법관의 어깨 위에 올라서 있는 것이다. *Olmstead v. United States*, 277 U.S. 438, 478 (1928) (브랜다이스 대법관의 반대의견). Samuel D. Warren & Louis D. Brandeis, *The Right to Privacy*, 4 Harv. L. Rev. 193 (1890) 또한 참조 바람; 예컨대 Charles Fried, *Privacy*, 77 Yale L. J. 475, 477-78, 484-86 (1968); Ruth Gavison, *Privacy and the Limits of Law*, 89 Yale L. J. 421, 455 (1980) ("프라이버시는 민주주의의 중심 요건인 시민의 도덕적 자율성을 조성·발전시키므로, 민주정부에 필수적인 것이다"); Lawrence Lessig, *Code and Other Laws of Cyberspace* 153-55 (1999) 참조.

2 예컨대 (전자적 감시를 규율하는) 18 U.S.C. §2511 (1994 & Supp. II 1997), 그리고 (금융기관에 의한 개인 정보 공시를 규율하는) 15 U.S.C. § 6802 (Supp. V 2000).

3 Alexis de Tocqueville, *Democracy in America* 232 (Harvey C. Mansfield and Delba Winthrop trans., University of Chicago, 2000) (1835).

4 *Bartnicki v. Vopper*, 532 U.S. 514, 518-19 (2001); 18 U.S.C. § 2511(I)(C) (1994); 또한 *Bartnicki, supra*, at 523-24 참조.

5 *Bartnicki*, 532 U.S. at 532-35; *id.* at 535-41 (브라이어 대법관의 별개의견), at 540-41.

6 *Kyllo v. United States,* 533 U.S. 27, 40 (2001); *id.* at 33-34.

적극적 평등 실현조치

1 *Grutter v. Bollinger*, 539 U.S. 306 (2003); *id.* at 313-14, 315-16.

2 *Id.* at 318, 315, 316.

3 U.S. Const. amend. XIV, section 1.

4 *Grutter*, 539 U.S. at 353-54 (토머스 대법관의 반대의견) (*Adarand Con-*

structors, Inc. v. Pena, 515 U.S. 200, 240 [1995] [토머스 대법관의 부분 별개의견 및 주문 별개의견] 인용).

5 *Grutter*, 539 U.S. 244, 298 (2003) (긴스버그 대법관의 반대의견).

6 *Adarand*, 515 U.S. at 275 (긴스버그 대법관의 반대의견); *id*. at 276.

7 *Grutter*, 539 U.S. at 326, 328, 334, 343.

8 *United States v. Jefferson County Bd. of Educ.*, 372 F.2d 834, 876 (5th Cir. 1966); *Grutter*, 539 U.S. at 316; *Wygant v. Jackson Bd. of Ed.*, 476 U.S. 267, 278 & n. 5 (1986); 또한 *Richmond v. J. A. Croson Co.*, 488 U.S. 469, 496-98 (1988) 참조.

9 *Regents of the University of California v. Bakke*, 438 U.S. 265, 312 (1978) (파월 대법관의 의견); *Grutter*, 539 U.S. at 330 (내부 인용 및 따옴표 생략); *id*. at 330.

10 *Grutter*, 539 U.S. at 330.

11 *Id*. at 331.

12 *Id*. at 330-31 (내부 인용 및 따옴표 생략).

13 *Id*. at 331, 332 (내부 인용 및 따옴표 생략) (강조 표시 첨가).

14 (사법심사와 헌법해석의 대표 강화적 이론을 논의한) John Hart Ely, *Democracy and Distrust* 135-79 (1980)와 비교.

제정법 해석

1 Aharon Barak, *A Judge on Judging: The Role of a Supreme Court in a Democracy*, 116 Harv. L. Rev. 28-29 (2002).

2 예컨대 Antonin Scalia, *Common-Law Courts in a Civil-Law System: The Role of United States Federal Courts in Interpreting the Constitution and Laws, in A Matter of Interpretation: Federal Courts and the Law* 26-27 (Amy Gutmann ed., 1997) 참조; William N. Eskridge Jr., Philip P. Frickery, & Elizabeth Garrett, *Cases and Materials on Legislation—Statutes and the Creation of Public Policy* 822 (3rd ed. 2001); Frank H. Easterbrook, *Text, History, and Structure in Statutory Interpretation*, 17 Harv. J. L. & Pub. Pol'y 61, 64 (1994) 참조.

3 28 U.S.C. § 1602 et seq; 28 U.S. §§ 1441(d), 1602; 28 U.S.C. § 1603(b)(2).

4 *Dole Fodd Co. v. Patrickson*, 538 U.S. 468 (2003) 참조.

5 *Id*. at 476; *id*. at 477 (*United States v. Nordic Village, Inc.*, 503 U.S. 30, 36 [1992] 인용).

6 *Id*. at 485 (브라이어 대법관의 일부 별개의견과 일부 반대의견); *id*. at 185-86; *Flink v. Paladini*, 279 U.S. 59, 63 (1929).

7 9 U.S.C. § 1 *et seq*; *id*. § 1(강조 표시 첨가); *Circuit City Stores v. Adams*, 532 U.S. 105 (2001); *id*. at 114-15 (2A N. Singer, *Sutherland on Statutes and Statutory Construction* § 47.17 [1991] 인용).

8 *Circuit City Stores*, 532 U.S. 105 at 115-16; *id*. at 117.

9 *Id*. at 124 (스티븐스 대법관의 반대의견), 126-27 (스티븐스 대법관의 반대의견), 127 (스티븐스 대법관의 반대의견), (인용 생략).

10 *Id*. at 135-37 (수터 대법관의 반대의견).

11 28 U.S.C. § 2244(d)(1) (Supp. II 1997); id. § 2244(d)(2) (강조 표시 첨가); *Duncan v. Walker*, 533 U.S. 167 (2001).

12 *Duncan*, 533 U.S. 167 at 185 (브라이어 대법관의 반대의견) (U.S. Dept. of Justice, Office of Justice programs, Bureau of Justice Statistics, *Federal Habeas Corpus Review: Challenging State Court Criminal Convictions* 17 [1995] 인용).

13 *Id*. at 172-75 참조.

14 *Id*. at 190-93 (브라이어 대법관의 반대의견).

15 *Id*. at 190 (브라이어 대법관의 반대의견).

16 Barak, *supra* note 1, at 28-29.

행정법

1 *Chevron USA v. Natural Resources Defense Council, Inc.*, 467 U.S. 837 (1984); *id*. at 843 (*Morton v. Ruiz*, 415 U.S. 199, 231 [1974] 인용); *id*. at 844; *Christensen v. Harris County*, 529 U.S. 576, 589 fn. (스칼리아 대법관의 별개의견).

2 5 U.S.C. § 7114(a)(4); *Nat'l Fed'n of Fed. Emples., Local 1309 v. DOI*, 526

U.S. 86, 88 (1999).

3 *Packard Motor Car Co. v. NLRB*, 330 U.S. 485 (1947); *Gen. Dynamics Land Sys. v. Cline*, 540 U.S. 581 (2004) 참조.

4 *United States v. Mead Corp.*, 533 U.S. 218, 221 (2001)와 비교.

요약

1 (연례 자료, 그중에서도 1994~2001년 자료를 보여주는) *The Supreme Court Compendium* 210 (Lee Epstein et al. eds. 2003); *id.* at 225.

주요 반론

1 예컨대, Antonin Scalia, *A Matter of Interpretation: Federal Courts and the Law* (1997) 참조.

2 Jack N. Rakove, *Original Meanings: Politics and Ideas in the Making of the Constitution* 339-65 (1996).

3 U.S. Const. amend. IX; Bernard Bailyn, *The Living Past-Commitments for the Future*, Remarks at the First Millennium Evening at the White House (Feb. 11, 1998), http://clinton4.nara.gov/Initiatives/Millennium/bbailyn.html.

4 *Plessy*, 163 U.S. 537 (1896); *Brown*, 347 U.S. 483 (1954) 참조.

5 (오코너 대법관의 비유를 지적한) Stephen Breyer, *Judicial Review: A Practicing Judge's Perspective*, 78 Tex. L. Rev. 761, 769 (2000) 참조.

6 U.S. Const. amend. I; *Zelman v. Simmons-Harris*, 536 U.S. 639, 717 (2000) (브라이어 대법관의 반대의견); *id.* at 718; *id.* at 719-21; *id.* at 718-23 (그중에서도 *Lee v. Weisman*, 505 U.S. 577 [1992], *Committee for Public Ed. & Religious Liberty v. Nyquist*, 413 U.S. 756, 794 [1973] 인용).

7 *Committee for Public Ed.*, 413 U.S. 756.

8 *Van Orden v. Perry*, No. 03-1500 (June 27, 2004) (브라이어 대법관의 주문 별개의견), *slip op.*, at 1.

9 Karl N. Llewellyn, *The Common Law Tradition: Deciding Appeals* 525 (1960) 참조; (이들 규칙 사이의 긴장을 언급한 글로) William N. Eskridge Jr. and Phillip P. Frickey, *Cases and Materials on Legislation: Statutes and the Creation of Public Policy* 652-53 (2d ed. 1995).

10 *Stogner v. California*, 539 U.S. 607 (2003); *Calder v. Bull*, 3 Dall. 386, 390 (1798); 2 R. Wooddeson, *A Systematical View of the Laws of England* 638-39 (1792) 비교.

11 *Stogner*, 539 U.S. at 622-26, 642-49 (케네디 대법관의 반대의견).

12 15 U.S.C. § 14 (2004); 끼워팔기(tying arrangement)란 "매수인이 반드시 매도인의 다른 (혹은 한데 묶인) 상품을 함께 구매한다는 조건에서만 물건을 매도하겠다는 계약, 혹은 최소한 다른 공급자로부터는 물건을 구입하지 않겠다고 약속하는 계약"을 말한다. *Northern Pacific RR Co. v. United States*, 356 U.S. 1, 5-6 (1958) 참조.

13 *Lockyer v. Andrade*, 538 U.S. 63 (2003); *Ewing v. California*, 538 U.S. 11 (2003); *Ewing*, 538 U.S. at 31-32 (스칼리아 대법관의 주문 별개의견); *id.* at 32 (토머스 대법관의 주문 별개의견).

14 *Id.* at 35, 52-53 (브라이어 대법관의 반대의견).

15 독립선언문 (강조 첨가).

에필로그

1 예컨대, Nat'l Ctr. for Educ. Statistics, U.S. Dep't. of Educ., *The NAEP 1998 Civics Report Card* (1999); Nat'l Constitution Center Survey (1998), at http://www.constitutioncenter.org/CitizenAction/CivicResearchResults/NCCTeens'Poll.shtml 참조; Lydia Saad, *American's Faith in Government Shaken but Not Shattered by Watergate*, at http://www.gallup.com/poll/releases/pr970619.asp (June 19, 1997) (구독 내용).

2 예컨대 Council for Excellence in Government, *A Matter of Trust: Americans and Their Government: 1958-2004*, at 4-5 (2004); Center for Information and Research in Civic Learning & Engagement, *Short Term Impacts, Long Term Opportunities*, 4 (2002) 참조; Alexis de Tocqueville,

Democracy in America, 234–35 (Harvey C. Mansfield and Delba Winthrip trans., University of Chicago 2000)(1835).

3 (1997년 사법부의 공공 신탁 기금이 행정부와 입법부의 기금을 넘어섰다는 사실을 설명한 글로) Saad, *supra* note 1 참조.

4 Thucydides, *The Peloponnesian War* 108–15 (Thomas Hobbes trans., Univ. of Chi. Press 1989)(1629)("The Funeral Oration of Pericles" 인용); 존 애덤스가 머시 오티스 워렌(Mercy Otis Warren)에게 보낸 편지(Apr. 16, 1776) reprinted in 1 *The Founder's Constitution*, 670 (Philip B. Kurland and Ralph Lerner eds., 1987).

옮긴이 후기

스티븐 브라이어와 역동적 자유

브라이어는 '자유'를 대하는 판사의 관점이 바뀌어야 한다고 주장한다. 미국 헌법이 보장하는 자유는 근대적 의미의 '국가로부터의 자유'뿐 아니라, 국가의 의사결정에 민주적으로 참여할 자유인 '역동적 자유' 또한 포괄한다는 것이다. 이 역동적 자유는 민주주의 헌법의 작동을 위한 필수 전제이며, 브라이어는 그동안 미국의 사법부가 이러한 역동적 자유의 의미를 중요하게 받아들이지 않았다는 점을 지적한다.

역동적 자유의 정당성을 찾기 위해 콩스탕을 비롯한 정치철학자가 고대 그리스에서부터 내려온 자유의 역사를 살폈다면, 브라이어는 헌법에 대한 근본적 인식을 전환시킨다. 브라이어가 이해하기에 미국 헌법은 '민주주의 헌법'이다. 이는 단순히 '민주주의 국가에서 만든 헌법'이라는 뜻이 아니다. 미국 헌법은 합중국이라는 민주공화국을 건립했던 법적 근거이자 민주주의를 유지·완수하기 위한 법이다. 이는 헌법 안에 민주주의를 실현할 목표와 방안이 마련되어 있다는 뜻이며, 후손들이 이 헌법을 작동시킬 때 민주주의라는 목적을 잊어서는 안 된다는 뜻이다.

나아가 브라이어의 '민주주의 헌법'은 자유를 효과적으로 보장하기 위한 사법적 권위의 원천이자 헌법 해석론의 지침이다. 즉 헌법 해석을 통해 민주주의를 실현하는 결과가 도출되어야 한다는 것이다. 이 주장은 판사가 민주주의적 결과를 의도하고 헌법과 법률을 해석할 때 훨씬 합리적이라는 논거에 의해 지지된다. 이 책의 〈적용〉 부분이 바로 이 논증의 실례들이다.

이런 해석 태도는 곧 일정한 '주제의식'을 가지고 헌법을 읽는 것이다. 본문에서 저자가 "테마를 적용한 해석"이라 지칭한 방식이다. 이러한 해석 태도는 전통적으로 환영받지 못했다. 오히려 특정 결과를 의식한 해석은 법치주의에 어긋나는 것으로 여겨져, 자유주의 법체계의 법해석자들이 의식적으로 지양해야 할 태도 중 하나였다. 정치적으로 독립된 사법부가 권력의 영향력에서 자유로운 상태로 정치적 목적이 아닌 오로지 법리만을 이용해 문제를 해결한다는 해석의 원리, 이것이 소위 '중립성' 원칙이다. 이는 형식주의 법이론이 주류를 이루던 19세기까지 자유주의 법해석의 확고한 원칙이었다. 그러나 20세기 들어 법현실주의의 맹렬한 공세와 비판법학의 등장으로 '중립성' 신화는 깨지기 시작했다. 법해석자가 진정으로 중립적일 수 있는지에 대한 본질적 질문이 제기되었고, 사법 해석의 장에도 사회의 권력 구조가 그대로 투영되어 있으며 해석의 권한을 보유한 이들이 이를 중립성이라는 허울로 정당화하고 있다는 사실이 밝혀졌다.

브라이어는 역동적 자유, 즉 민주주의를 위한 시민의 참여와 역량을 배양할 전제로서의 자유에 입각하여 헌법을 해석한다. 마치 오케스트라 지휘자가 자신의 고유한 주제와 해석 방식으로 거장의 작품을 연주하듯, 역동적 자유를 테마로 헌법을 읽는 것이다. 브라이어는 사법의 장에서 이것이 이루어질 때, 개개 사안의 합리적 해결은 물론 헌법의 민주적 목표 또한 제도적으로 달성될 수 있다고 본다.

브라이어는 또한 역동적 자유를 테마로 한 해석이 전통적 해석 방향에서 벗어나지 않으며, 미국 헌법의 역사적 흐름에 부합한다는 점을 강조한다. 브라이어에 따르면 이런 목적(론)적 해석은 연방대법원의 여러 판결에서 다수의견 혹은 반대의견 속에 꾸준히 존재해 왔다. 브라이어가 테마의 전통성을 강조하는 까닭은 그의 작업이 연방 사법권이라는 제도권 내에서 수행되는 것이라는 정통성을 확보하고자 함일 것이다. 역동적 자유라는 이 테마가 미국 헌법 역사에 유력한 근거를 가지고 있다는 주장 또한 비슷한 맥락에 있다. 브라이어는 특히 미국 헌법의 정당성의 원천인 '건국의 아버지들(founding fathers)'이 참여적 민주주의를 논하였다는 증거를 제시하는 데 주력한다. 역동적 자유는 건국자들이 미국식 연방 제도를 디자인하며 그렸던 민주주의의 모습 안에 이미 존재했었다는 것이다. 이른바 '살아 있는 헌법론(living constitution)'이 미국의 인권과 자유를 대폭 신장시켰음에도 법적 안정성이 부족하다는 이유로 문언주의자들에게 반격의 빌미를 제공하였던 점을 고려하면, 전통에 기반한 그의 해석론은 문언주의를 비판하면서도 비해석주의의 약점을 타개할 수 있는 돌파구가 될 수 있다. 이는 헌법이론가이면서 동시에 현직 연방대법관인 그의 특수한 위치에서 나오는 장점이다.

역동적 자유와 대한민국 헌법

한국에서 역동적 자유의 실현은 가능할까? 민주주의 사회에 살고 있는 우리는 '국가의 의사결정에 참여할 자유'를 헌법적으로 보장할 필요가 있음을 이미 알고 있다. 그러나 막상 헌법에 대한 논의에서 그것이 어떤 담론적 위치를 차지하고 있는지, 어떠한 경로와 방법을 통해 헌법적 규범화를 이루어야 하는지에 대한 논의는 전무한 실정이다. 이는 우리 헌법학 및 헌법 실무의 현실과도 무관치 않다. 주어진 사안을 헌법에 대한 교리적(dogmatics) 해석에 기초하여 규범 영역으로 포섭한 뒤 적절한 심사의 기준을 찾아 적용하여 문제를 종결하고자 하는 기존의 법학 방법론으로는 역동적 자유라는 관점을 받아들이기 쉽지 않다. 이른바 '법적 안정성'을 법 해석과 법원 판결의 미덕으로 여기는 사고의 틀거리에서는 역동적 자유 개념을 받아들이기 쉽지 않기 때문이다.

흔히 '적극적 자유(positive liberty)'라 불리는 국가에 대한 급부청구권 영역에서도 마찬가지이다. 현행 헌법상 인간다운 생활을 할 권리, 복지, 교육, 근로 등 우리 헌법의 '사회적 기본권'에 해당하는 권리를 보장받으려면 국가의 선제적인 결정과 조치를 기다려야 한다. 이들 권리가 국가 재정 상황과 급부 및 보장의 필요성 등을 고려한 국가의 입법적·행정적 의지에 의존하고 있기 때문이다. 사법 판단에서도 국가의 이러한 시혜(施惠)가 최대한 보장되고 있는지를 기준으로 판단하는 것이 아니라, 현실적 상황에 비추어 과소하게 보호하고 있지 않는 한 헌법에 위반되지 않는다고 본다. 여기에는 이른바 포퓰리즘에 경도된 복지 지상주의를 경계하여 건전한 경쟁 환경을 유지하고, 국가 재정의 건전성을 담보하여 부실에 빠지지 않겠다는 의도 등이 근거로 제시된다.

그러나 이러한 적극적 자유를 위해서도 역동적 자유는 소중하게 인식되고 지켜져야 한다. 일단 정치권력이 형성되고 나면 그 이후의 권한 행사에 대해 국민들은 거의 손을 쓰지 못한다. 정치와 헌법의 이상을 끊임없는 참여의 가치에서 찾는다면, 우리는 국가의 부에 대한 배분과 정책의 우선순위에 대하여 참여를 통한 통제의 권한을 가져야 할 것이다. 물론 이것이 직접민주주의로 회귀하자거나 자유주의적 법치주의의 기본 구도를 포기하자는 뜻은 아니다. 국민의 자유에 대한 열망이 구체적 사건, 즉 권리의 충돌과 경쟁의 구도로 나타날 때 국민의 상시화된 민주적 판단이 현실적 영향력을 발휘할 수 있도록 헌법 및 법률을 해석하고 문제를 해결하기를 바라는 것이다. 이를 통해 아직 규정되지는 않았지만 국가에 급부를 요구할 수 있는 자유를 국민이 직접 그려나갈 수 있는 역동적 환경이 만들어 질 수 있다. 이것이 바로 역동적 자유의 가치를 구현하는 일임은 물론이다.

이제는 우리에게도 가능성이 열려 있다. 우리에게는 인터넷을 통해 적극적으로 정치에 참여한 시민들의 사회적 경험이 축적되어 있다. 우리는 '국가로부터의 자유'처럼 국가라는 상대를 두고 수동적으로 규정되는 자유만을 누리던 단계에서 벗어나, 국가에 참여하여 '자유를 만들어 낼 자유'를 누릴 가능성을 몸소 체험하였다. 물론 그러한 국민의 역동적 자유를 제약하고 기존의 헌법질서를 유지하고자 하는 반동적 노력 또한 거세었다. 이는 국민을 통치의 대상으로 묶어 두고 국가의 결정에 궁극적 권한을 주어 권세를 유지하려는 의도로부터 발현한 것이다.

이 번역서가 출간된 2016년 대한민국은 "헬조선"이라는 말로 상징되는 어두운 진단과 전망에 빠져 있다. 이 단어가 의미하는 국가에 대한 국민적 낙담은 자유의 역동성과는 거리가 먼 비극적 현실을 반영하는 것이다. 특히 젊은이들 사이에서 유행하는 이 말은, 법을 비롯한 사회의 많은 영역에서 정의가 무너졌다는 실망의 표현이자 무엇보다 이러한 상황을 나의 힘으로 치유할 수 없을 것 같다는 절망의 표시이다. 역동적 자유를 충분히 보장받지 못하고, 앞으로도 그러한 상태가 지속되리라는 국민적 탄식의 목소리인 것이다. 이는 국가의 운영과 기본권 보장을 다루는 헌법 차원의 문제로 고려해야 할 현상임에 틀림없다.

이 절망의 언어로 설명되는 우리 사회에서 대한민국 헌법은 민주주의에 대한 희망을 빼앗아 간 '그들만의 것'으로 인식된다. '내 것'으로 받아들일 수 없는 대한민국 민주주의에서 참여의 즐거움과 자유의 소중함을 깨닫기는 어렵다. 불신과

냉소, 수동적 생활 정치와 희망에 대한 포기 속에서 우리 민주주의와 민주주의 헌법의 가치는 도무지 찾을 수 없다. '내 헌법', '내 민주주의'를 위해 참여의 바다에 즐거이 몸을 던지는 개인을 발견하기 어려운 것이다.

지금 우리에게는 브라이어가 말하는 '역동적 자유'가 필요하다. 현재 우리와 미래 후손의 민주주의 헌법 생활을 위하여 반드시 수호하고 관철해야 할 가치이다. 이를 위해서는 많은 이들의 인식 변화와 제도적 혁신이 전제되어야 한다. 특히 헌법을 구체적으로 해석하고 적용하는 일을 전담하는 헌법재판소를 비롯하여 사법 권력의 주체가 이러한 공감대 위에서 혁신에 동의해야 한다. 우리 현실에서 쉽지 않은 희망이기에 시민들의 자발적인 노력 또한 절실하다.

우선, 자유의 영역에서 참여의 가치를 전제로 한 발상의 전환이 필요하다. 브라이어가 주로 다루고 있는 사법 영역으로 논의의 범위를 한정한다면, 헌법해석과 법률해석의 장에서 민주주의와 참여라는 목표를 달성하기 위한 해석을 받아들여야 한다.

사법 활동의 핵심을 재판이라고 보면, 재판 외적 측면과 내적 측면에서 각각 고찰해 볼 수 있다. 재판 외적 측면에서는 전체 사법 권력이 사회에 대하여 더 투명하고 공적인 소통을 활성화시켜야 한다. 사법 주체가 중립성이라는 명분 위에서,

또는 사회와 괴리된 조직 구조 속에서 그들만의 논리에 따라 움직이는 현재의 상황을 극복하여야 한다. 조직으로서의 사법부가 다른 권력으로부터 독립되어야 함은 물론이거니와, 이에 더하여 조직 내부에서 개별 법관의 독립 또한 절실하다. 과거 권위주의 정부 시절, 사법부가 '권력의 시녀'로 비하되던 상황에서는 권력기관으로서 법원의 독립이 사법권 독립의 급선무였다. 그러나 민주화가 진척되어 권력기관으로서 법원의 독립을 달성한 지금에 와서는, 구체적 재판을 담당하는 법관의 독립이 더 중요한 과제로 등장한다.

대법원장과 헌법재판소장이라는 권력의 정점에서부터 시작된 피라미드형 관료제 모형은 아직도 우리 사법 조직을 특징짓는 그림이다. 상층부를 향한 법관의 인사와 승진 제도는 3심의 심급 제도와 맞물려 매우 경직된 법원 문화를 형성하고 있다. 이러한 상황에서 인사상 불이익을 무릅쓰고 소위 '튀는' 재판을 할 수 있는 법관을 기대하기란 쉽지 않다(그 어떤 창의성에도 불구하고 상급 법원의 견해를 거스르는 재판을 '튄다'고 표현할 때 그러하다). '보다 상급심에서 재판하는 고위 법관'이 되겠다는 개인적 희망을 나쁘다고 볼 수는 없다. 하지만 재판에서 법관의 독립이 경직된 관료제 피라미드 시스템 속에 매몰됨으로써 발생하는 피해는 고스란히 국민에게 되돌아온다. 법원 내부의 권력 엘리트가 의도하든 의도하지 않든 역동적 자유를 가로막는 주역이 되어 버리는 것이다.

재판 내적 측면에서는 모든 재판에서 헌법과 더 적극적으로 연계된 해석 방식이 도입되어야 한다. 법리의 이론적 도그마틱이 해석의 큰 틀로 기능하는 대륙법 체계에서, 헌법재판이 아닌 일반 재판에서 헌법해석 또는 헌법적 법률해석을 할 수 있는 여지는 많지 않다. 또한 헌법의 최종적 유권해석기관인 헌법재판소가 존재하는 한, 일반법원이 함부로 기존과 다른 헌법해석의 결과를 쉽사리 내놓을 수도 없다. 하지만 일반법원의 재판에서도 법률을 해석하기 위해 헌법 합치적 법률해석이 반드시 필요한 경우가 있다. 헌법과 법률의 유기적 해석을 통해 사안을 더욱 합리적으로 해결할 수 있는 것이다. 그러한 해석의 과정에 역동적 자유를 고려할 여지를 확보하여야 한다. 법관 개개인이 헌법과 민주주의에 대한 이해를 높여야 함은 물론이다.

이렇듯 일반법원에서 시작된 헌법 합치적 법률해석 노력은 결국 최종 헌법재판의 장인 헌법재판소에서 꽃피게 될 것이다. 헌법을 향한 해석적 에너지를 축적함으로써 해석의 최종 단계에서 역동적 자유가 살아 움직일 수 있는 가능성이 높아진다. 이것은 몇 사람의 헌법재판관이나 대법관의 힘으로 달성할 수 있는 문제가 아니다. 사법부의 모든 구성원의 참여를 바탕으로, 민주주의의 헌법적 목표 달성을 향한 시민적 열망이 일반법원의 재판에서부터 구현되기 시작해야 한다. 이것이 역동적 자유가 생존할 수 있는 방식이다.

브라이어의 지적대로 법원은 민주주의에 관한 문제에서 사법적 겸양을 발휘할 주체이다. 다른 권력에 비하여 시민의 통제로부터 비교적 자유로운 법원은 엘리트주의와 결합하여 자칫 사법만능주의에 빠질 가능성이 있다. 특히 헌법의 민주주의적 목표를 전혀 생각하지 못하는 법관은, 민주주의의 장에서 해결되어야 할 첨예한 정치적 사안에 '법치주의' 수호라는 사명에 충만하여 적극적 권한을 행사하려 한다. 하지만 불행히도 이러한 정치의 사법화 현상은 참여와 절차를 기초로 한 역동적 자유를 좌절시킨다. 헌법만을 위한 헌법, 국민과 유리된 사법, 소수 엘리트에 좌우되는 법원, 이 모든 요인이 역동적 자유에 대한 위협이 될 수 있다.

이제 원인을 진단하였으니 실천하는 일이 남았다. 사실 이 모든 진단은 우리 사법 체계의 오래된 체질을 근본적으로 개혁하라는 요청과 다르지 않다. 이국 땅에서 건너온 메시지가 이 소중한 일을 감당할 풀씨가 되기를 역자로서 간절히 바란다.

장철준

찾아보기

지은이 스티븐 브라이어 Stephen Breyer

미국 연방대법관. 1967년부터 1994년까지 하버드 로스쿨에서 교수로 재직하며 호주 시드니 법대, 이탈리아 로마 대학교, 미국 툴레인 로스쿨에서 방문 교수로 활동했다. 미국 연방항소법원 수석판사직을 거쳐 1994년 빌 클린턴 미국 대통령의 지명을 받아 연방대법관으로 임명되었다. 헌법에 대한 실용주의적 노선을 취하며, 연방대법원 내에서 이른바 '자유주의 진영'에 속해 있는 것으로 알려져 있다. 최근 전 세계적인 논쟁을 촉발한 미국 동성결혼 합헌 판결의 주역이기도 하다. 주요 저서로는 *Making Our Democracy Work: A Judge's View* (2010), *The Court and the World: American Law and the New Global Realities* (2015)가 있다.

옮긴이 이국운

한동대학교 국제법률대학원 교수. 서울대학교 법과대학을 졸업하고 동 대학교 대학원에서 석·박사 학위를 취득했으며, 헌법, 법사회과학, 기독교 법사상 등을 전공했다. 참여연대 사법감시센터와 기독교윤리실천운동 공의정치포럼 등에서도 봉사하고 있다. 「한국 법조인 양성제도의 역사: 로스쿨 제도 이전」(2015), 「국가인권위원회 10년의 평가와 전망: 헌법정치학의 관점에서」(2012), 「국민에 의한 검찰권 통제: 검사장 직선제」(2012) 등 다수의 논문이 있다.

옮긴이 장철준

단국대학교 법과대학 교수. 연세대학교 법학과에서 학사와 석사과정을 마치고, 미국 코넬대학교 로스쿨에서 박사학위를 받았다. 대학에서 기본권론, 헌법소송법 등을 주로 강의하며, 민주주의와 헌정주의의 공존을 실현하기 위한 헌법 이해를 연구 목표로 두고 있다. 『선거방송 자율심의를 위한 규범적 방법론 모색』(2013), 「취재의 자유와 언론의 책임: 헌법적 관점에서」(2015), 「빅데이터·클라우드 컴퓨팅 시대의 헌법과 사이버 안보」(2015) 등 다수의 논저가 있다.